U0090284

臺灣歷史與文化研究輯刊

二 十 編

第1冊

日據台灣時期鴉片問題研究（上）

李理、趙國輝 著

花木蘭文化事業有限公司

國家圖書館出版品預行編目資料

日據台灣時期鴉片問題研究（上）／李理、趙國輝 著 -- 初版
-- 新北市：花木蘭文化事業有限公司，2021〔民 110〕
序 10+ 目 4+164 面；19×26 公分
（臺灣歷史與文化研究輯刊二十編；第 1 冊）
ISBN 978-986-518-548-0（精裝）
1. 日據時期 2. 鴉片
733.08　　110011279

ISBN-978-986-518-548-0

臺灣歷史與文化研究輯刊
二十編　第 一 冊　　ISBN：978-986-518-548-0

日據台灣時期鴉片問題研究（上）

作　　者　李理、趙國輝
總 編 輯　杜潔祥
副總編輯　楊嘉樂
編　　輯　許郁翎、張雅淋、潘玟靜　美術編輯　陳逸婷
出　　版　花木蘭文化事業有限公司
發 行 人　高小娟
聯絡地址　235　新北市中和區中安街七二號十三樓
電話：02-2923-1455 ／傳真：02-2923-1452
網　　址　http://www.huamulan.tw 信箱 service@huamulans.com
印　　刷　普羅文化出版廣告事業
初　　版　2021 年 9 月
全書字數　283075 字
定　　價　二十編 14 冊（精裝）台幣 35,000 元　

日據台灣時期鴉片問題研究（上）

李理、趙國輝 著

作者簡介

李理，中國社會科學院中國歷史研究院近代史研究所研究員。2006 年畢業於中國社會科學院研究生院，歷史學博士。現為臺灣史研究室研究員、中國社會科學院研究生院聘任教授，研究方向為臺灣史及臺灣問題、琉球與釣魚島問題、南海問題。2005 年度日本國際交流基金博士項目者，日本中央大學比較法研究所博士項目留學者。曾受臺灣陸委會及夏潮基金會的資助，到臺灣中央研究院、政治大學、玄奘大學、中國文化大學、中央大學等處作訪問學者。出版《日本吞併琉球與出兵侵臺關係探析》《日據臺灣時期警察制度研究》《日本近代對釣魚島的非法調查及竊取》等專著。

趙國輝，歷史學博士。中國政法大學人文學院歷史研究所副教授，著有《國際法與近代中日臺灣事件外交》《廈門日本籍台民之息訟解紛》等專著。

提　　要

日本以刑法為法源，嚴禁實施禁止吸食，但對其殖民地臺灣，卻以各種藉口，以「漸禁」為名，允許鴉片吸食。鴉片制度實施不久，臺灣人民就以飛鸞降筆會進行反對。降筆會戒除鴉片運動的蓬勃發展，使剛剛走上正軌的鴉片收入出現急速下滑，給總督府的鴉片政策很大的衝擊。殖民統治者表面上採取懷柔政策，但實際上給予取締，強制關閉解散各地的鸞堂，臺民自發的戒煙運動最終被鎮壓下去。後期雖有杜聰明博士研究出戒煙方式，又有臺灣民眾黨將總督府告到國聯，但臺灣鴉片專賣制度一直持續到 1945 年日本戰敗。五十年間臺灣鴉片政策確立、變化及相關聯的毒品販賣等問題，揭示出其鴉片政策充滿種族歧視及差別待遇，本質就是經濟榨取臺灣並將鴉片作為隱形武器來侵略東亞。

序 言

毒品是指鴉片、海洛因、嗎啡、大麻、可卡因等能夠使人形成癮癖的麻醉藥品和精神藥品。毒品是罪惡之源，帶給人類的只會是毀滅。特別是在近代，鴉片作為國家對外政策的有力「武器」，深刻地改變著整個世界。鴉片作為國家財政的源泉，侵略他國的「武器」而被廣泛地使用著。震驚世界的鴉片戰爭，使曾經傲視世界的中國龍變成了「東亞病夫」，中國也成為各帝國主義較力場。中國的近鄰日本，鑒於中國的情況，在自己國家內嚴格禁止吸食鴉片，早在 1858 年，就在清政府被迫同意鴉片貿易合法化的同時，日本與英國簽訂了禁止輸入鴉片的協議，並且在日本國內嚴禁民眾種植、販賣、吸食鴉片，使得近代日本免受鴉片煙毒的侵害。但日本卻在對外軍國主義擴張中，可恥地利用鴉片及毒品為侵略工具，並創造出軍隊開路，國家參與的新式「侵略形態」，即軍隊侵略的各殖民地或佔領地，以國家專賣的形式，由製藥公司製造出鴉片及各類毒品，再進行公開或秘密的販賣。而這種模式的開始，就是從其第一塊殖民地臺灣開始的。

清朝統治下的臺灣，也沒有能逃脫鴉片煙毒之害。在臺灣被迫割讓給日本之前的幾年間，每年鴉片的進口幾乎占臺灣進口總額的一半。在馬關條約談判中，李鴻章一再以臺灣人強悍及鴉片之害相威赫，試圖阻止日本人對臺灣的窺竊之心。然而伊藤博文信誓旦旦，宣稱據有臺灣後會將國內的嚴禁制度實施於臺灣，並徹底解決臺灣的鴉片問題。

日本據臺灣初期，由於各種原因，對日本人與臺灣人採取差別待遇，對內地來的日本人，仍然沿用日本國內的法律，嚴禁吸食鴉片。同時，為避免在臺日本人感染煙毒，1895 年 7 月，臺灣總督府頒布《臺灣人民軍事犯處分令》，規定「臺灣人有下列記載之行為者，處以死刑：……將鴉片煙及吸食器具交給日本軍人、軍屬及其他從軍人員者，以及提供吸食場所者……」〔註1〕同年，日本又在緊急律令第二十號《臺灣住民刑罰令》中，再次重申「凡將鴉片及煙具提供給軍人、軍屬及其他來臺之帝國臣民者，處以死刑。」〔註2〕

總督府力圖通過這種嚴酷的法令，使在臺日本軍人及其公民免受鴉片的侵蝕，以確保日本在臺灣殖民統治的穩固，然而對臺灣人吸食鴉片，卻始終處於放任狀態。鴉片問題確實是殖民統治者必須面對的一項重大社會問題，它的重要性在於它關乎著日本殖民統治者能否站穩腳跟，進而鞏固在臺灣的殖民統治。

日本人一進入臺灣，各地的武裝反抗不斷。總督府一方面要鎮壓臺灣民眾的反抗，平定臺灣各地的武裝反抗，另一方面要建立起代表國家機器的殖民統治機構。為了完成這兩大任務，日本國內，包括日本政府內部對臺灣的鴉片問題，產生了嚴重分歧，以島田三郎、加藤尚志為首的一部分人主張嚴禁，認為「中國人一般均嗜吸鴉片，臺灣人亦有此弊風，並將病毒傳給子孫，造成許多人體格虛弱。然嗜好的醇酷，實開風俗之文野，而風俗之文野則又關係國運之消長，倘此流毒及於我日本國族，則不只紊傷民風文化，而且民之身心亦將由此柔弱，國之命運亦將隨之消靡。從英領緬甸來看，英國人的移住者，受到當地原住民鴉片吸食的污染情形，正日益增加，另外在美國的西部加州地區，也隨著中國人的移入而將此弊風輸入，如今美國人的吸食鴉片情況，不也是日漸增加嗎？如今我日本大和民族，亦有移住臺灣者，其人數若未能很快超過臺灣人，則在風俗習慣嗜好的影響，由臺灣人給予日本人的影響將不少，因而臺灣的新版圖部分，非得進行鴉片的嚴禁不可。……雖然將臺灣人多年的嗜好加以剝奪，可能造成臺灣人難以忍耐之事，但若乘其難耐之時，嚴施厲行，不稍加以寬待，苟有違犯者，則直接捕拿並驅出國境之外，則可以收到禁止鴉片的直接利益，而間接上言，則可以達到驅逐臺灣人的目的，此豈非一舉兩得之事。」〔註3〕

〔註1〕（日）《11月22日臺灣総督伯爵樺山資紀発　参謀総長彰仁親王宛　臺灣総督諸規則規程7件相定施行及報告》，JCAHR：C06061547100。

〔註2〕（日）《11月22日臺灣総督伯爵樺山資紀発　参謀総長彰仁親王宛　臺灣総督諸規則規程7件相定施行及報告》，JCAHR：C06061547100。

〔註3〕（日）島田三郎，《臺灣論を試み》，《太陽》第9號，明治28年，第49～50頁。

從上述內容分析來看，島田三郎等人所謂的嚴禁措施，實為利用禁止鴉片的吸食為幌子，以達到驅逐臺灣人的目的，遭到以臺灣總督府民政長官水野遵為首的一部分人的強烈反對，日本政府內部一時難以做出最終決策。

實施執掌臺灣總督府運作的民政長官水野遵，與時擔任日本省衛生局長的後藤新平進行秘密溝通，曉以鴉片收入在臺灣過去財政上的重要性，使後藤新平最後出面，以《關於臺灣島鴉片制度之意》向政府提出八點「放任主義」的理由：

一、縱未禁吸鴉片，並非即將導致人人吸食鴉片，以清國並非人人吸煙為證。

二、在清國，富豪、強健者、勤勉者，亦不乏其人。不必為防止國民之懶惰、疲憊，而禁止吸食鴉片煙。

三、鴉片煙，並非僅試一次，即能上癮吸煙惡癖，起初反覺不愉快，致自動放棄者，不乏其人。

四、清國人本身，提倡鴉片煙之弊害者，亦為數不鮮，凡略受教育者，均力行禁制，故任其自然，亦不致為害。

五、如臺灣土民已染吸鴉片煙習癖者，若遽加禁止，則不僅對健康有害，且有生命之危害。

六、據土民長老輩者自稱：鴉片煙之有害，實知之其祥，夙願我子孫均應免脫此惡習，成為健康之民。至於我等已染上習癖，設遽加禁止，勢必失去生存樂趣，長久渡苦痛殘生，莫若快死求解脫，云云。

七、設對臺灣土民，嚴禁其吸食鴉片煙，將遇民情之極力反對，不僅有妨對帝國之心服，勢將導致土寇之蜂起，故若要執行嚴禁，則非經常駐派二師團以上兵力，並犧牲數千之生命，甚至以兵力威壓，仍未必能達其目的。

八、為推行一鴉片制度，竟需眾多之兵力與巨額經費，並需犧牲生命，更需連年危害島民之和平，則自擴領土謀殖民之觀點上言，殊非得宜之策也。〔註4〕

〔註 4〕程大學、許錫專編譯，《日據初期之鴉片政策（附錄保甲制度）》，台中：臺灣省文獻委員會，1978 年，第 13～14 頁。

從上述內容來看，後藤新平所謂的「放任主義」只是作為其繼續允許吸食的藉口，而其真實的想法則是以財政收入作為考慮的基礎，通過繼續允許臺灣人吸食鴉片，以麻痹臺灣民眾的鬥志，緩和他們的反日情緒，使其成為日本殖民者的「順民」，同時，也可以增加總督府的財政收入，擴大財源。允許繼續吸食鴉片，對殖民統治者來說，是一箭雙雕、一石二鳥的政策，但其基點更側重於經濟目的上：「此一百六十萬元（鴉片的進口收入）與向來之進口稅八十萬元合計時，將達二百四十萬元。如將此費額充用為臺灣地方之殖民衛生之費途，依所謂生存競爭之原理，等於實踐以毒攻毒之自然定則，將危害健康之禍源，改變為增加國民福祉之手段矣。」〔註 5〕

以後藤新平等所代表的漸禁派，向日本政府提交了《關於臺灣島施行鴉片制度意見書》，提出「寓禁於征」的「漸禁」政策，即在臺灣，由總督府掌握鴉片的主導權，將臺灣民間進口、製造、販賣鴉片的權力收歸政府，臺灣民眾只享有登記領取牌照來「吸食」的「權力」，這就是所謂的「漸禁」鴉片專賣制度。

日本政府決定採用後藤新平的主張。1897 年，臺灣總督府頒布《臺灣鴉片令》，在臺灣實施所謂的漸禁鴉片專賣制度，並著手建設生產鴉片的總督府製藥所。《臺灣鴉片令》的頒布，標誌著鴉片專賣制度正式在臺灣確立。

總督府所謂漸禁鴉片政策實施後不久，臺灣人民即憑藉早已存在的中國傳統民間信仰飛鸞降筆會，暗中反對總督府的鴉片政策，並在 1900 年前後，形成遍及整個臺灣東部的戒煙運動。飛鸞降筆會的戒煙運動，給總督府的鴉片政策衝擊很大。總督府表面上採取懷柔政策，實際上卻利用警察機器給予取締，強制關閉解散各地的鸞堂，最終迫使臺民自發的戒煙運動無果而終。

此後臺灣的鴉片制度開始走上正軌，並在殖民統治的初期，起到財政基石的作用。隨著臺灣鴉片的需求量不斷擴大，日本內地開始試種植罌粟。罌粟也因臺灣的鴉片制度，得以重新在日本這塊土地上開出罪惡媚豔的花朵。臺灣總督府對生鴉片的巨大的需要，催生了日本內地罌粟種植的繁榮，而新式毒品的研製成功，又為日本內地罌粟的栽培提供了助力。

總督府在製造鴉片煙膏的同時，開始就嗎啡、海洛因及可卡因等新式麻醉品進行秘密研製。一戰後嗎啡的價格高漲，更加速了日本研發的腳步。1915 年，「星製藥」成功研製出嗎啡，並投入生產。星一本人因與後藤新平的關係，

〔註 5〕程大學、許錫專編譯，《日據初期之鴉片政策（附錄保甲制度）》，第 16 頁。

在此數年間，使星製藥壟斷了日本嗎啡製造業，使星製藥在短期內成為國內的大企業。這也引起了其他製藥公司的妒忌，以及政黨內部的合縱連橫，於是爆發了 1925 年的「臺灣鴉片事件」。

而此後的日本及殖民地的鴉片政策，都起始於在臺灣所實施的鴉片專賣制度。日本借助所謂的「臺灣鴉片經驗」，將鴉片及嗎啡等毒品，作為侵略東亞各國的隱形武器，製造出大量的鴉片、嗎啡及海洛因等新式麻醉類毒品，大量、長時間地密輸出到中國、朝鮮等東亞各國，以「國家販毒」的形式，配合著對外軍事擴張侵略的腳步。

隨著 1906 年中國禁煙運動的開展，鴉片問題逐漸演變成世界性問題，特別是上海萬國禁煙會議的召開，以協助解決中國鴉片問題為切入點，著眼於全世界的鴉片與毒品禁絕事業，使日本在各殖民地的鴉片問題受到世界的注意。在此後的歷次國際會議上，日本與英國一起，被視為國際鴉片問題的「元兇」。日本被稱為「走私貿易如同大盤專賣」〔註 6〕。日本為洗清惡名，以臺灣漸禁政策中吸食人數減少的成果，狡辯日本的鴉片制度絕非是為了追求鴉片的利益。日本的狡辯，使英國陷入尷尬的地位。英國則為了擺脫困難的境地，向國聯提出了針對日本的遠東鴉片及毒品交易調查的要求。

總督府為應對國際鴉片會議及遠東調查團，於 1928 年 12 月 28 日，以律令第三號，公布修訂「新阿片令」。總督府借助修訂後的「鴉片令」，再次網羅新的吸食者，這引起了臺灣民眾黨的強烈反對。

臺灣民眾黨先向日本拓殖務大臣發電報，向島內日刊報紙投稿反對鴉片吸食特許，又拍電報給大阪每日、時事國民、萬朝報、東京日日新等報社，明確提出民眾黨的反對意見，同時向警務局長提交抗議文。總督府當局對民眾黨的抗議置若罔聞，民眾黨人義憤填膺，把抗議文修改為聲明書，再次分送給日本各重要報社，並電報上海的「中華國民拒毒會」，要求聲援，並於 1930 年 1 月 2 日，打電報給國際聯盟，將日本政府提告到國際聯盟本部。〔註 7〕

民眾黨上告及臺灣人民的反對，使臺灣鴉片問題在沈寂了三十年後，再次成為國際性的大問題。總督府總督府對國際聯盟鴉片委員會對臺灣鴉片問題的關心程度究竟如何，非常擔憂，為改變窘境，以遠東調查團來臺前，緊急設立「更生院」，推行吸食者的矯治工作。

〔註 6〕（日）《阿片會議の解說》，國際聯盟協會，大正 14 年，第 28～29 頁。
〔註 7〕（日）《臺灣總督府警察沿革誌》第二編，南天書局，1995 年，第 466 頁。

臺灣第一位醫學博士杜聰明，是改寫臺灣的鴉片史的重要人物，他成功實驗在醫學上斷禁鴉片煙癮的方法，救治了無數的鴉片癮者，特別是其發明的尿檢法，現在還被各國廣泛採用。

雖然杜聰明博士研究成功了醫學上斷禁鴉片煙癮的好方法，但日本基於各殖民地業已形成的販毒系統，故對其矯正並不積極支持。特別是 1937 年日本進入戰時體制後，臺灣專賣局的粗製嗎啡，成為緊缺的物資，總督府雖然繼續實施鴉片癮者的矯正治療，但也沒有完全廢止鴉片專賣制度。此制度最終在世界反法西斯戰火中，隨日本的戰敗投降才宣告結束。

臺灣鴉片專賣制度貫穿了日本統治臺灣的始終，只是其漸禁政策隨著島內外形勢的變化而調整。臺灣的鴉片專賣制度，不僅對臺灣島內，對日本近代對外政策都產生深刻的影響，更影響著中國以及美國的殖民地菲律賓，甚至世界。

在日本統治的前二十年時間裏，鴉片專賣收入在各種專賣品的收入中所佔比重最多。特別是最初幾年，鴉片的收入占到財政收入近半。巨額的鴉片收入，不但使臺灣總督府實現了經費自給，且還可以補貼到日本內地，直接間接承擔軍費的支出，這也加速了其對外侵略擴張的步伐。日本在以後的殖民地中，都以臺灣鴉片制度為藍本，建立起所謂的「漸禁制度」，並以臺灣為基礎，建立起龐大的國家販毒體系。故研究日據臺灣時期的鴉片問題，十分重要。

目前學術界對臺灣鴉片問題的研究並不多，專著只有劉明修的《臺灣統治與阿片問題》一本。劉明修日本名為「伊藤潔」，1937 年生於臺灣宜蘭。臺中農學院（中興大學）畢業後，於 1964 年赴日本留學，1977 年取得東京大學博士學位。他也是早期臺灣獨立運動的秘密會員，長期從事「臺獨」運動，與金美玲、黃文雄一起，被日本言論界稱為「獨派三人幫」。

劉明修在《臺灣統治與阿片問題》中，就鴉片問題的歷史背景、過渡措施與漸禁政策、前期漸禁政策的展開、國際鴉片問題與日本、國際鴉片問題與臺灣、後期漸禁政策的展開及臺灣鴉片問題的落幕等七個方面進行了專題性研究。

由於劉明修本人的「臺獨」立場，其著作中對鴉片問題的認識，常常有所迴避，有時也前後矛盾。專著完全站在殖民者的立場上，將研究重點放在「漸禁政策」上，認為日本確有誠意實施禁政，完全無視其經濟榨取之目的，故其對「中心問題」的認識，是將臺灣人吸食鴉片的罪惡源頭，歸為清對臺灣的統治，而鴉片問題的最終解決，歸功後藤新平的「漸禁政策」。另外，劉明修對初期飛鸞降筆會沒有任何的著筆，對後期對臺灣、日本及各殖民地的毒品製造及走私等更是沒有涉及。故筆者認為劉明修的研究，是從美化殖民統治的角度出發，完全難以揭示出此制度給臺灣人民造成的傷害，更無法體現日本殖民統治的差別待遇。

臺灣目前對此課題的研究主要有《日據時期臺灣鴉片漸禁政策之研究——1895～1930》（陳進盛／國立臺灣大學／政治研究所）、《日據時期臺灣鴉片問題之探討》（城戶康成／東海大學／歷史研究所）、《日本殖民體制下之臺灣鴉片政策》（林素卿／淡江大學／日本研究所）、《日本殖民體制下的臺灣鴉片政策》（張文義／中國文化大學／日本研究所）等四篇碩士論文及不到十篇的學術論文。以上四篇碩士論文基本都以「漸禁政策」作為研究重點，與劉明修著作相比，沒有研究上突破，特別是對鴉片專賣對殖民地財政上的作用、吸食者為什麼三十年後還在增加、「臺灣製藥所」及「星製藥」的毒品製造、民眾黨投書國際聯盟及杜聰明的禁煙實驗等具有顯著殖民地性質的鴉片相關領域，沒有任何研究說明。另外，還有臺灣文獻會出版的由程大學等人編譯的《日據初期之鴉片政策附錄：保甲制度》（第 1、2 冊），此書並不是研究性著作，而是將日據初期總督府於自 1896 年至 1899 年鴉片相關進行翻譯整理。研究性的文章，還有發表於 1986 年《臺灣文獻》第 37 卷第 1 期中王世慶的《日據初期之降筆會與戒煙運動》，及李騰嶽的《鴉片在臺灣與降筆會解煙運動》（《文獻專刊》第 4 卷第 3、4 期）、林永根的《臺灣的鸞堂》（《臺灣風物》第 32 卷第 1 期）、黃師樵的《日據時期毒害臺灣的鴉片政策》（《臺灣文獻》第 26 卷第 2 期）。這其中王世慶的文章，運用大量總督府的檔案，極為詳細地介紹了降筆會的整個過程，是一篇極有價值的文章。

大陸對此課題的研究幾乎處於空白狀態，目前只有朱慶葆《日據臺灣時期的鴉片政策（1895～1945）》（《福建論壇（文史哲版）》，2000 年第 4 期）及筆者的《尿檢法之父——改寫臺灣鴉片史的杜聰明博士》、《日據臺灣時期鴉片漸禁政策確立原因再探析》等少量學術論文，及連心豪發表在「光明日報」上的《日本對臺鴉片專賣及其禍害》等文章。故可以說這個課題在大陸與臺灣都還相當薄弱。

戰前，日本為世界一個麻藥生產國，長期將大量鴉片、嗎啡、海洛因等毒品，長期秘密走私到中國、朝鮮及東亞各國，毒品東亞各國的人民。由於有鴉片相關國際條約，日本也都積極參與加盟。日本為了免於違反鴉片條約的制裁，故意將鴉片及毒品的犯罪行為進行掩蓋，戰前根本沒有日本關於臺灣及各殖民地鴉片相關的研究。戰後日本也沒有真誠反省其可恥的行為，而且還繼續採取掩蓋的辦法，目前唯一的劉明修的專著也是站在殖民統治者的立場上。其他諸如山田豪一的專著《滿洲國的鴉片專賣》及一些論文中對臺灣鴉片制度有所涉及，但都沒有更具體的論述。本研究將站在唯物主義史觀的基礎上，對該課題進行系統全面的再探討，採用大量的原始檔案資料，主要從以下幾個方面，進行了創新性研究：

第一、採取不用以往的對臺灣鴉片制度的研究，以臺灣總督府的「漸禁」鴉片政策為基點，將視角擴大到其對日本，乃至在整個殖民地中的作用為研究的內容，提示近代日本以第一塊殖民地臺灣為基地，建構起以日本為中心的，涵蓋殖民地臺灣、朝鮮、中國東北、山東、福建及遍布東亞的國家販毒體系，先以軍事入侵為先鋒，後以鴉片輸入為工具，侵略東亞各國的罪行。

第二、本研究首先從日本鴉片制度入手，就日本近代鴉片嚴禁制度的形成，進行了具體的闡述，認為日本的鴉片禁止制度，是伴隨著明治新政府修改不平等條約，恢復國權之歷程進行的。日本以刑法為法源，嚴禁實施禁止吸食。但對其殖民地臺灣，卻以各種藉口，以「漸禁」為名，允許鴉片吸食。這種差別待遇，一方面體現了近代殖民主義中的種族歧視，另一方面也可以揭露其殖民主義者經濟榨取殖民地的殖民統治實質。

第三、本研究還運用大量的資料，對鴉片漸禁制度在臺灣確立的原因進行探討。對以往研究中認為後藤新平的「意見書」在臺灣鴉片制度確立中的關鍵作用，進行了再探討，認為一份「意見書」促成了喧囂爭論不止的鴉片政策得以確立，似乎在論證有些單薄。通過大量研究，筆者認為，在日據臺灣初期鴉片漸禁政策確立過程中，以水野遵為代表的臺灣總督府所起的作用是不可忽視的，而臺灣鴉片政策最終得以確立，完全是臺灣總督府與日本政府從經濟上考慮的結果。

第四、本研究還運用臺灣總督府製藥所的檔案資料，對總督府製藥所的成立及鴉片的研究生產進行了研究。另外，還對總督府及日本的罌粟的種植等進行研究，以說明臺灣總督府對生鴉片的巨大的需要，催生出日本內地罌粟種植的繁榮，而新式毒品的研製成功，又為日本內地罌粟的栽培提供了助力。

第五、本研究以具體的歷史史實及原始檔案數據等，揭露了日本進行國家販毒的本質，這也是前人所沒有涉及到的。日本在近代殖民侵略擴張過程中，借助所謂的「臺灣鴉片經驗」，將鴉片及嗎啡等毒品，作為侵略東亞各國的隱武器。當時日本是世界主要麻藥生產國，鴉片、嗎啡及海洛因等毒品，大量、長時間地密輸出到中國、朝鮮等東亞諸國，這是近代規模最大、時間最長、地域最廣的「國家販毒」。

第六、本研究還對臺灣人民的反對運動進行了具體分析研究。特別是對先期飛鸞降筆會的研究，這也是劉明修的著名中沒有涉及到的。降筆會的興起，是在先期臺灣人民武裝抗日，在日本憲兵及警察殘酷高壓基本被鎮壓下去後，隱藏在臺灣人民心中的仇恨，以中國傳統的宗教「降筆會」的形式，暗中反對日本殖民統治的一種表現。降筆會戒除鴉片運動的蓬勃發展，使剛剛走上正軌的鴉片收入出現急速下滑，給總督府的鴉片政策很大的衝擊。殖民統治者表面上採取懷柔政策，但實際上給予取締，強制關閉解散各地的鸞堂，使臺民自發的戒煙運動最終被鎮壓下去。後期雖有臺灣民眾黨的吸食鴉片反對運動，但隨著日本侵華戰爭的爆發，也被高壓壓制下去。而這樣使這種具有鮮明殖民地特徵的政策，一直持續到 1945 年日本戰敗。

第七、本研究還以大量的檔案資料，詮釋日本在歷次國際鴉片會議上，為洗刷國家販毒「罪名」所進行的辯解。特別以大量資料說明國際聯盟調查團來臺之時的行程，以近乎賄賂的方式，使調查員做出了有利於日本的評價。此後，日本明知這種販毒行為是違背國際法的，但為了攫取更大的經濟利益，在年度報告中以不實的數字來欺騙國際社會，不惜以說謊來搪塞國際社會。

第八、本研究還對劉明修著作中沒有完全敘述的杜聰明博士對戒除鴉片煙的貢獻，及臺灣民眾黨戒煙運動，進行更具體細緻的分析，認為臺灣民眾黨的戒煙運動，可能起於民眾黨主席蔣渭水與杜聰明的友誼。

第九、本研究還對前人沒有深入研究的鴉片制度始終沒有廢除的原因進行深入探討。1933 年日本正式退出國聯，不再參加國際鴉片會議。而其鴉片政策伴隨著對外軍事擴張的腳步更加猖獗。臺灣雖已經發明可以戒除鴉片煙癮的方法，但如果臺灣廢除鴉片制度，其毒品的原料基地將失去，是故戰爭期間，雖鴉片原料難以購得，但依然不積極實施戒煙。

第十、本研究通過大量歷史史實，反駁了劉明修著作所謂「日本確有誠意實施禁政」的錯誤觀點，以大量的資料證明日本在殖民地臺灣所實施的所謂「漸禁」鴉片政策，完全是出由經濟榨取的目的，在杜聰明發明戒煙的治療方法後，應當很快就能根除，但為了確保整個國家販毒體系的正常動作，及將鴉片毒品作為對外擴張的隱「武器」，而沒有積極實施戒煙醫療事業，本研究以史實否定了劉明修所謂「鴉片問題的最終解決歸功後藤新平的漸禁政策」的錯誤觀點。

本研究將 1895 年至 1945 年五十年間臺灣的鴉片政策確立及相關聯的領域進行探討研究，以還原日據臺灣時期鴉片漸禁政策的實質，並揭露其殖民統治臺灣的實質，期待引發起國際及國內學界對日本近代國家販毒行為進行更深入的批判，也期待更多的、更細緻的相關問題的再研究。

目次

上　冊

序　言

第一章　外交挫敗與日本鴉片嚴禁政策的確立……1

一、「長崎鴉片吸食致死事件」引發的禁絕進口鴉片條約……2

二、明治新政府以清在留民為目標的嚴禁政策……7

三、哈特雷鴉片走私事件對鴉片嚴禁政策之影響…16

小結……22

第二章　日據初期鴉片漸禁政策確立的原因……23

一、臺灣總督府與鴉片「漸禁政策」……23

二、後藤新平與「漸禁政策」的確立……32

三、最後防線的突破——臺灣財政預算的通過……39

小結……46

第三章　臺灣總督府對外商鴉片的處置……49

一、總督府默許外商鴉片的輸入……50

二、總督府企圖以國內法範式禁止鴉片的輸入……52

三、差別對待的對德鴉片外交……57

四、高價購賣外商鴉片……58
小結……61
第四章　總督府製藥所的成立及鴉片的生產……63
一、臺灣總督府製藥所官制的設定……64
二、鴉片製造生產的相關準備……66
三、鴉片製藥所的成立及鴉片的生產……73
四、製藥所鴉片的製造……76
小結……80
第五章　總督府初期鴉片專賣制度的建構……81
一、鴉片專賣基本法源的確定……82
二、鴉片專賣具體法規的制定……86
三、鴉片專賣實施規則的制定……92
四、各地鴉片制度的確立……100
五、鴉片吸食者的網羅……102
小結……103
第六章　日據臺灣初期降筆會的禁煙抗爭……105
一、飛鸞降筆會的性質及傳入……106
二、降筆會鸞堂的分布……111
三、降筆會對鴉片政策的衝擊……117
四、總督府對降筆會的取締鎮壓……123
小結……128
第七章　鴉片制度在臺灣殖民統治中的財政意義……131
一、鴉片在清統治時期的財政意義……132
二、鴉片專賣制度在殖民地統治中的財政意義……136
三、以各種手段掩飾鴉片的財政目的……143
小結……147
第八章　近代鴉片問題國際化的肇始……149
一、中國禁煙運動引發了國際鴉片問題的肇始……149
二、第一次上海國際禁煙大會……152
三、海牙國際鴉片會議……156
四、「凡爾賽和約」與「鴉片諮詢委員會」的成立 161
小結……164

下　冊

第九章　臺灣總督府與日本罌粟的栽培種植……165

一、臺灣的鴉片制度與日本罌粟種植的復活……165

二、臺灣總督府再啟日本內地罌粟的種植………171

三、臺灣總督府及後期日本內地罌粟的種植……176

小結……180

第十章　臺灣總督府的毒品製造與販賣…………181

一、日本自設防火牆防止國人受新式毒品的危害‥182

二、臺灣總督府毒品走私中的造假實證…………188

三、日本在 1923 年前後的毒品生產及輸出 ……193

四、臺灣總督府新式毒品的製造販售……………206

小結……209

第十一章　臺灣鴉片事件……211

一、「星製藥」與後藤新平及日本政商界的關係‥211

二、星製藥與臺灣總督府的密切關係……………214

三、星製藥與嗎啡的研製與生產……218

四、臺灣鴉片事件的爆發……225

五、臺灣鴉片事件與日本政界的關係……………229

小結……232

第十二章　民眾黨及臺灣人民的鴉片反對運動‥‥233

一、國際鴉片問題及總督府鴉片新特許令的出臺‧233

二、臺灣民眾黨的鴉片反對運動……240

三、臺灣各界給予民眾黨的聲援……245

四、國聯調查團赴臺及總督府的對策……………250

小結……254

第十三章　國聯調查團對臺灣鴉片問題的調查‥‥257

一、遠東鴉片調查委員會的緣起……257

二、日本賄賂調查團邀其赴日觀光……261

三、臺灣總督府賄賂性的準備……265

四、調查委員調查的事項……268

小結……279

第十四章　日本在國際鴉片會議的窘境…………281
一、日內瓦國際鴉片會議…………281
二、日本在國際會議中的尷尬…………284
三、「麻藥製造限制會議」中日本的窘境…………286
四、日本繼續搪塞國際社會…………290
小結…………294
第十五章　杜聰明漸進戒除法沒能瓦解臺灣的鴉片制度…………295
一、曾經的熱血青年…………295
二、臺灣的鴉片狀況及蔣渭水上告國際法庭…………298
三、杜聰明愛愛寮的戒煙初步實踐…………301
四、臺北更生院的戒煙實踐…………305
小結…………309
第十六章　戰時體制與臺灣鴉片問題的終結…………311
一、迫於壓力的鴉片癮者的矯正…………311
二、戰時體制與總督府後期的鴉片製造…………319
三、臺灣鴉片制度最後終結…………324
小結…………327
參考書目…………329
附錄　杜聰明年表…………339

第一章　外交挫敗與日本鴉片嚴禁政策的確立

鴉片俗稱大煙、阿片、阿芙蓉或福壽膏，是一種從草本植物罌粟中提煉出來的天然麻醉抑製劑，醫學上作為麻醉性鎮痛藥，非科學研究或非醫用時則歸類於毒品。鴉片作為藥物長期或過量使用，則造成依賴性；作為毒品吸食，則對人體產生難以挽回的損害甚至造成死亡。吸食鴉片後，初始時可引起強烈快感，但也導致無法集中精神、產生幻覺現象，導致高度心理及生理依賴性，長期使用後停止，則會發生渴求藥物、不安、流淚、流汗、流鼻水、易怒、發抖、寒戰、打冷顫、厭食、便秘、腹瀉、身體捲曲、抽筋等戒斷症；過量使用則造成急性中毒症狀，包括昏迷、呼吸抑制、低血壓、瞳孔變小，嚴重的引起呼吸抑止致人死亡。十九世紀，由於東亞強國大清閉關自守，英國商人為彌補中英貿易逆差，從印度向中國走私鴉片。清從雍正皇帝即開始下令禁止鴉片，此後多位皇帝一直強調禁煙，但最終引起了 1840 年的鴉片戰爭，中國的大門被迫打開。這個曾被日本仰慕的東方大國，從此陷入列強的蹂躪。1853 年 7 月 8 日的「黑船事件」，使日本也被迫打開了國門，面對列強湧入，非常擔心自己的國運，亦如東亞古老的大清帝國，被列強欺辱而無法振興。特別是由於鴉片貿易而引發的中英之鴉片戰爭後，曾有傳言：「英國將挾戰勝的餘威，進一步侵襲日本。」〔註 1〕使日本朝野充滿了恐懼。「禁止鴉片貿易」政策，成為日本自幕府末期開始，在與諸外國簽訂不平等條約時要

〔註 1〕（日）植田捷雄，《東洋外交史》（上），東京大學出版會，昭和 44 年，第 106 頁。

堅持加入的條規。明治維新以後，其與清國、英國的鴉片相關交涉，伴隨著國權收復的整個過程，雖挫折不斷，但嚴禁吸食一直成為堅定的國策。

一、「長崎鴉片吸食致死事件」引發的禁絕進口鴉片條約

鴉片究竟何時、怎樣傳入日本，目前並沒有十分明確的記載。荒川淺吉在《阿片的認識》中認為，可能早在足利義滿時期，鴉片便由印度傳至陸奧津輕地區，其後又傳到攝津、伊豆等地。故當時日本人將鴉片稱之為「津輕」。鴉片被推廣到三島郡，是由於數百年前在大阪道修町的「藥種屋」獎勵其栽培開始的，在南九州也是作為藥劑原料來栽培的。〔註 2〕

而《現代史資料——阿片問題》中也提出，罌粟在日本的栽培，開始於數百年前的陸奧津輕地區，稱之為「津輕」。但「近代史資料」中提出了更具體的記錄，即為 1837 年（天保八年），在攝津的三島郡西面村，有位名叫太田四郎兵衛的人，他在大阪道修町一家藥店寄居時，主人讓其在自家院裏栽種罌粟，並開始了日本的鴉片試制。〔註 3〕

從以上兩份資料來看，鴉片傳到日本的時間並不長，遠遠晚於傳入的中國的盛唐時期。〔註 4〕鴉片剛剛傳入日本，就時逢中國與英國的鴉片戰爭，雖然鴉片很快推廣到日本各地，並在明治維新前後，已經相當盛行，但總體上，特別是知識界，對鴉片並沒有更好的印象。

1840 年，由於鴉片問題，列強以武力打開了中國的大門。其後 1856 年，由於中國官方取締鴉片走私船「亞羅號」，又引起了第二次鴉片戰爭。此次戰爭使古老的東方帝國，從此開始輪為西方列強的殖民競技場。這使近鄰日本非常震驚。

中國兩次鴉片戰爭的遭遇，很快被日本人以諸如「鴉片傳聞書」與「鴉片始末」等形式，流傳於整個日本社會，特別是 1844 年荷蘭國王請求日本通商貿易時，關於鴉片有害的勸言，促使日本人對鴉片與國運問題進行思考。

荷蘭國王以中國開放五口通商口岸的經過，勸告幕府高官，勿蹈中國的覆轍：清國和英國發生戰爭，喪失人命百萬之眾。30 年前中國吸食鴉片的地

〔註 2〕（日）荒川淺吉，《阿片の認識》，臺灣專賣協會，昭和 18 年，第 151 頁。

〔註 3〕（日）《現代史資料——阿片問題》，みすず書房，1986 年，第 16 頁。

〔註 4〕中國早在唐高宗乾封二年，即公元 667 年，鴉片就開始傳入中國，即唐書《大食傳》記載：「佛菻（羅馬）王遣使獻底也伽。」參見：荒川淺吉，《阿片の認識》，第 1 頁。

方，只有廣東附近一處，今天，吸用鴉片的人，已經達數百萬之眾，其耗費年平均約為三千萬兩，不僅如此，吸食鴉片將使身體變弱、富者變貧，有才能者精神變萎靡，迫於貧困而竊盜、幹壞事及懶惰者將變多，英國將於英法聯軍之後，赴日推廣鴉片，並以「一旦吸用鴉片，終身不能戒止」之由，勸日本速與荷蘭訂立開國商約，以避免英人鴉片之威脅。〔註 5〕

荷蘭國王的勸言，可以說是荷蘭為達到通商之目的，而進行的善意提醒，是否引起日本方面的注意，目前沒有確定史料來證明。但 1853 年 7 月 8 日的「黑船事件」，卻帶給日本很大的衝擊，久閉的國門被迫打開。日本國內面對列強的湧入，非常擔心自己的國運，亦如東亞古老的帝國大清。故鴉片問題，開始引起日本人的重視，但因處於幕末混亂期，並沒有及時出臺相關法律條文，但卻以條約的方式，正式向國際社會宣布日本嚴禁之意。

究竟是什麼原因，引發日本出臺嚴禁鴉片吸食之政策，目前沒有一個統一的定論。在筆者掌握的資料中，諸如《阿片的認識》、《日本帝國的阿片政策》及田澤震五所編纂的《阿片資料》等，都直接介紹認為，鴉片禁制實施於在明治維新之前。

倉橋正直在《鴉片帝國日本》中認為：「明治政府擔心重蹈中國鴉片戰爭的舊轍，嚴格禁止鴉片。」〔註 6〕劉明修的《臺灣統治與鴉片問題》中，也將中國因鴉片問題所遭到列強的侵略，作為日本實施鴉片嚴禁政策的原因，認為：「自從中國——這個不論領土、人口都數倍於日本，並自古即為日本景仰的大國——在中英鴉片戰爭中敗得一蹶不振之後，日本當地即流傳：『英國將挾戰勝的餘威，進一步侵襲日本』，從而對日本造成極大的衝擊。如此一來，日本於其後開國之際，即對鴉片採取嚴格的管制，成功地阻隔鴉片可能造成的禍害。」〔註 7〕

另外，像中國學者戴季陶、日本學者植田捷雄、臺灣學者許介鱗等人，也都認為，就思想史的觀點而言，正是中國的鴉片戰爭，給予了日本幕府體制下的武士及知識階層以重大打擊。由於中國在鴉片戰爭中的挫敗，不只使日本走向開放，更使其走向西洋的侵伐道路，而產生了近代的日本。

〔註 5〕增田涉著，由其民、周啟乾譯，《西學東漸與中日文化交流》，天津社會科學院出版社，1993 年，第 195 頁。

〔註 6〕（日）倉橋正直，《鴉片帝國日本》，共榮書房，2008 年，第 10 頁。

〔註 7〕劉明修著，李明峻譯，《臺灣統治與鴉片問題》，前衛出版社，2008 年，第 23 頁。

從以上觀點歸納來看，學界一般的觀點認為，中國因鴉片問題而被迫打開國門，受到列強的欺侮，是日本實施鴉片禁止制度最根本的原因。

這裡值得特別說明的是，劉明修的研究認為，直接導致日本實施鴉片嚴禁政策，是來自於美國人哈里斯的警告。但根據筆者研究，哈里斯的警告，並不是導致日本實施鴉片嚴禁政策的直接原因。

湯森·哈里斯是美國第一任駐日總領事，1856 年 7 月（安政三年），他帶著與日本締結通商條約的使命，到日本下田上任，隨後上江戶，要求幕府收下皮爾斯總統寫給將軍的書簡。幕府擔心如果拒絕這項要求會使美日之間發生糾紛，故作出了讓步，同意其與日本高級政要見面。

1857 年（安政四年）12 月 12 日，老中堀田正睦會見了哈里斯，哈里斯為使日本盡快締結通商協定，從世界的大勢說起，警告日本，英、法、俄等列強恃其武力及所懷有的野心，以說明與美國締結通商條約之必要性。這其中，哈里斯以英清鴉片戰爭為例，將清政府在鴉片戰爭及以後的戰敗，歸結到鴉片的作用，並善意提醒日本政府注意，開國之時英國的鴉片意圖。哈里斯提出的警告內容如下：

清朝紛亂之要因之一，即為鴉片也。

一、傳聞清朝在二十年前，一年內之鴉片費用高達二千五百萬兩白銀。

二、清朝近五年之鴉片平均費用為三千萬兩白銀。

三、清朝之害非僅此一項。

四、使用鴉片可致身體孱弱，其較之其他毒物更為嚴重。

五、吸食鴉片，將使富庶之家轉變為貧窮，才華之人亦失其精氣。吸食者理智盡失，終至形同非人，倒伏於路邊，更有甚者，甘為盜賊，不顧生死者亦有不少。

六、因鴉片之惡，受刑罰者，年以千計。

七、鴉片盛行不多時，各種惡事即漸增。

八、時清國之皇叔亦吸食鴉片，最終致死。

九、泛濫清之鴉片悉由英領東印度出產。

十、清深受鴉片之害，但英國反圖其利而不厭，未嘗稍禁。

十一、英國與清的國際條約中，嚴拒明記鴉片字樣。

十二、清自古來禁煙，但英國卻為謀其利，以火石箭矢強固鴉片貨船，暗地交易。

十三、英國以武力武裝鴉片貨船，並以此威逼清政府，清官員雖知其情，但難於抵抗，是以任其碇泊，昧良知而與奸商同流。

十四、英國人自認為日本國中必有如清之嗜食鴉片者，期與日本官廳擇商引入出售事宜。

十五、鴉片一旦用之，則終身無止之。無論英國人如何能言善辯，然其居心即為擴張鴉片之利於日本。

十六、美國總統言，鴉片之於日本，其禍遠較戰爭為甚。

十七、戰爭之消耗，日後可謀求補回，但鴉片一旦用之，則永無挽回之餘地。

十八、美國總統提醒，鴉片交易尤應倍加提防。

十九、美國總統提醒，條約中務必針對禁止鴉片一事明確言之。

二十、如美國人攜帶鴉片渡日者，可任由日本燒毀或處理。

二十一、若美國人上陸，攜帶或吸食鴉片，聽任日本方面沒收、燒毀或處刑。〔註 8〕

哈里斯的警告建議，道出了英國等近代殖民者，以堅船利炮為武器，用鴉片來毒害中國人的近代東亞鴉片貿易的實質，也揭露了英國欲征服日本的野心。這令日本政界非常震驚，也得到當時幕府官員的重視，堅定了其嚴禁鴉片政策之決心。

儘管如此，日本鴉片嚴禁政策的出臺，並不是完全出於其所提出的警告。實際上早在哈里斯的警告之前，幕府在《日荷追加條約》（1857 年 10 月 16 日）條約中，就已經以條約形式，禁止鴉片的進口，將其完全拒之國門之外。其時間早於哈里斯發出警告（12 月 12 日）。就具體事件上，根據筆者查閱的資料顯示，導致嚴禁鴉片制度產生的直接誘因是「長崎鴉片吸食致死事件」。

1857 年，即當日本與荷蘭簽訂條約之時，恰好發生一起因吸食鴉片而致人死亡事件。當時在長崎的一名中國人及日本妻子吸食鴉片，其日本妻子因此而致死。〔註 9〕此事件只有具體的年份記載，月份及日期不詳。但根據《日

〔註 8〕（日）植田捷雄，《東洋外交史》（上），東京大學出版，昭和 44 年，第 126～127 頁。

〔註 9〕（日）外務省編，《日本外交文書》，第 11 卷，日本國際聯合協會，昭和 20

本外交文書》的記載內容分析，推斷可能是在「日荷條約」簽訂之前或之際。文書還記載曰：「日本非常擔憂，如果貿易大門一旦打開，鴉片的輸入也將接踵而至。故決定在與荷蘭的條約中，加入『日本禁止鴉片輸入』之條文，雖沒有其他的法律，基於此，以後與各國締結條約之時，都加入與荷蘭條約相同之款項。」〔註10〕

1857年10月16日，日本與荷蘭在長崎簽訂了《日荷追加條約》，其第十四條規定：「於日本國治下，禁止將鴉片交給日本人。」〔註11〕這是日本實施鴉片禁止制度的開始。此後，在與諸外國條約中，均將此項作為其中內容。

故筆者認為，倉橋正直、劉明修等人所分析的日本害怕重蹈中國之舊轍，是日本實施鴉片禁止制度最根本的原因，但直接的誘因還是「長崎事件」。而哈里斯的警告，更使日本政府警覺，堅定了其嚴禁鴉片的決心。而此時正值日本幕末開國之初，由於日本國內並不生產鴉片，鴉片主要來自於外商的進口，故阻斷其來源，即可杜絕吸食者。這才使幕府決定，在與諸外國締結通商條約之時，將禁止攜帶鴉片與從事鴉片貿易，作為必要的「條款」，以避免在國門打來之時，鴉片以商品名義湧進國內。

「安政五年（1858年）七月，幕府將軍德川家定與英國簽訂條約時，就將鴉片的輸入作為禁止條款，約定若密秘出賣三斤以上鴉片或有密賣計劃的，每斤科以30元的罰金。」〔註12〕

1858年7月，日本又在江戶與荷蘭簽訂了《修好通商航海條約》，於其中第三條第三項規定：「日本嚴禁鴉片之輸入，荷蘭商船若攜帶三斤以上之鴉片，其所運貨物悉由日本官方沒收。」〔註13〕

另外，同一條約的附件《荷蘭商民貿易章程》第二則第八項中，亦規定：「所運貨物於同一港口內移交別船時，須受日本官吏就地檢查。若犯情明白者，所受許可一概取消。嚴禁鴉片輸入，然或有商人密謀不法之輩，每斤科處38盾25分之罰金，向日本官所繳納。不論共謀者人數多寡，亦適用此法。」〔註14〕

年，第450頁。

〔註10〕（日）外務省編，《日本外交文書》，第11卷，第450頁。

〔註11〕（日）外務省條約局，《舊條約彙纂》，第一卷第二部，第218頁。

〔註12〕（日）田澤震五編，《阿片資料》，精秀社，昭和七年，第25頁。

〔註13〕（日）外務省條約局，《舊條約彙報》，第一卷第二部，第243頁。

〔註14〕（日）外務省條約局，《舊條約彙報》，第一卷第二部，第243頁。

1858 年，日本幕府與俄羅斯簽訂了《修好通商條約》，其第十一條中規定：「嚴禁輸入鴉片；俄羅斯國商船攜帶鴉片過三斤時，超過部分應由日本官吏沒收；俄羅斯人在日本買賣鴉片涉罪時，貨物沒收且科處每斤 20 盧布罰金給日本官所，並交與俄羅斯法律懲處。」〔註 15〕

1858 年，日本與美國簽訂的《日美修好通商條約》中，也特別在其附件《美利堅商民貿易章程》第二則第七項規定：「嚴禁鴉片輸入；然或有密商圖謀不軌之輩，每斤科處 15 美元之罰金，向日本官所繳納；不論共謀人數多寡，均適用此法。」〔註 16〕

同年，日本在與俄國締結《追加條約》之時，將禁止鴉片列入第十條中，規定：「若俄羅斯商船向日本國輸入鴉片，其所運貨物一律沒收，犯者及前記嚴禁有害商業行為，將受俄羅斯法律懲處。」〔註 17〕

依上述內容分析來看，日本在幕末簽訂的「安政五條約」〔註 18〕中，均將嚴禁鴉片輸入作為其重要內容。這使日本近代的鴉片政策，帶有鮮明的特點，鴉片的禁止措施，是從外圍開始的，即是將鴉片的源頭截斷。這與中國先從取締國內鴉片、限制販賣開始不同。中國自雍正以來，雖有各種禁制，但由於其鴉片輸入沒有任何限制，大量鴉片輸入到中國，故各種禁制只留於形勢。而日本則完全不同，日本在開國之初，便籍由條約規定，嚴密防堵鴉片的流入，將鴉片於源頭處截斷。但由於「安政五條約」並不是平等的條約，日本沒有治外法權，這也使日本在以後的禁煙道路上，充滿了曲折與挫敗。

二、明治新政府以清在留民為目標的嚴禁政策

幕府末期的鴉片政策，雖為嚴禁，但由於處於多事之秋，故只能以條約方式，將鴉片限制在輸入源頭上，對內尚未有具體措施出臺。1868 年明治維新後，政府之首要任務，即是修改幕府與西方列強簽訂的不平等條約。由於安政諸條約簽訂之時，就已經明令禁止輸入鴉片，故在當年閏四月十九日，東征大總督有棲川宮進入江戶城之際，即發布「太政官布告」，規定嚴格禁止日本人吸食鴉片：

〔註 15〕（日）外務省條約局，《舊條約彙報》，第一卷第二部，第 565～566 頁。

〔註 16〕（日）外務省條約局，《舊條約彙報》，第一卷第一部，第 34 頁。

〔註 17〕（日）外務省條約局，《舊條約彙報》，第一卷第二部，第 543 頁。

〔註 18〕安岡昭男著，林和生、李心純譯，《日本近代史》，中國社會科學出版社，1996 年，第 22～23 頁。

鴉片煙草，耗人精氣，為短人命數之物，以往各條約明文禁止外國人攜帶其入境，最近時有船舶私自載運，若萬一流行於世上，將對民生造成大害，切不可隨意買賣，更不許個人隨意吞用食之，若為人舉報，違反禁令，必嚴格懲處，眾官應當牢記在心，並謹守。各府藩縣均高揭前項之告示，以昭告百姓。〔註 19〕

這份布告，召示了明治新政府的鴉片政策，將繼承德川幕府時代的禁止之意。但明治政府已經不再侷限於條約面上的防止走私輸入鴉片，而是對內要求人民不得吸食鴉片。

在明治政府穩定後，於 1870 年（明治三年）8 月 9 日，太政官發布《販賣阿片煙律》（521 號令），明確規定：

一、凡販賣阿片謀利，為首者斬；從者判處三等刑；自首減刑一等。

二、誘人吸食者，處絞刑；知情且給予吸食處所者，判三等刑；受誘而吸食者，處徒刑一年。

三、凡收購鴉片而尚未出售，為首者判三等刑；從者處徒刑三年；購買阿片吸食者，處徒刑二年半；自首者免罪，阿片煙交官廳沒收。

四、官吏知而不報，與犯者同罪，收賄枉法者重罰。〔註 20〕

從上述「煙律」的內容分析來看，該律對鴉片犯罪之刑罰處置，從斬首到各類徒刑，使各層次鴉片犯罪，都有了相應刑罰的法條依據。故可以認定，此律開啟形成了近代日本以刑法來控制鴉片犯罪的法源。

另外，同日還發布太政官命令（522 號），禁止在日清國人吸食鴉片：「嚴禁吸食鴉片，現制定販賣鴉片煙律，各港在留之清國人，必須嚴守此令，即使用於藥用之生鴉片，亦不可隨意買賣，別紙另定規則，各地方官監察管內人民，違者嚴懲不貸。」〔註 21〕

別定之《生阿片管理規則》（522 號令）內容如下：

一、藥店中現有之鴉片，由各地方官廳進行檢查，對其品質、數量等各項，進行逐項登記。

二、不得已用於藥用之買賣，其售出藥店及醫師，必須將售出數量

〔註 19〕（日）內閣官報局編，《法令全書》，第一卷，昭和 49 年，133 頁。
〔註 20〕（日）內閣官報局編，《法令全書》，第三卷，昭和 49 年，301 頁。
〔註 21〕（日）內閣官報局編，《法令全書》，第三卷，302 頁。

及品質等上報給官廳。

三、在鴉片作為藥品缺乏需要進口之時，由各地方官向開港稅關上報，以其他的訂購方式取得。〔註22〕

從「規則」內容分析來看，該法主要就國家對生鴉片的管理，形成初步的制度性規定，即以國家權力，對生鴉片之買賣、流通及進口等，進行法制層面的約束。該規則形成日本近代鴉片「專賣制度」的雛形。

在《販賣阿片煙律》、《生鴉片管理規則》頒布之時，太政官還以漢文，發布對在留之清國人違反鴉片煙律的具體處置辦法：

外務省奉上諭，前於各港府縣，曉示在該港清國人等，不得藏貯鴉片等因，旋將買片煙之我國人，及賣付之清國人等，業已據罪懲治在案，昔此物入清國，流毒害民，以至今日之甚是不可不思之也。為此，本政府新定防害律例，頒示通商各港府縣，早喻在港清國商民嗣後尚有毫犯，法在必行，以熄惡焰。凡清國人素有煙癮，刻難置其管笈者，不須言，即量淺似喫白相者，亦所嚴禁，斷不可准其來港營生，除將現住本港煙鬼徹底清查，其或自能戒斷吸喫，以遵禁令者，可其不能者，當即自行去此回鄉，外奉到新諭律例以後，仍有潛匿犯大禁者，一經查出，毋庸分別原住新來，立刻近律處治，奉此特示。〔註23〕

太政官之漢文命令，明確道出日本禁止鴉片之理由，即為「昔此物入清國，流毒害民，以至今日之甚是不可不思之也。」即是前文所述之日本鴉片嚴禁政策之主因的最好證明。太政官命令，主要針對清國之在留之民，是對第522號太政官令之禁止方法，給予具體明確的說明。

其後，日本外務省對來往於各港口的清國人吸食者，給予具體遣返處分的規定：

「鴉片煙自傳入清國以來，流毒害民至甚，至今仍不能棄之。日本政府今新訂防害律例，昭告各港埠在港清國商民此後如有干犯禁令者，無論程度，必依法究辦，以杜毒源。因之，清國人中不論嗜食已久者、上癮吸食者，或少量吸食者，皆依嚴禁條例禁止渡來日本國。然若有近時來之上述清國人，欲斷然禁絕其嗜好，

〔註22〕（日）內閣官報局編，《法令全書》，第三卷，302頁。
〔註23〕（日）內閣官報局編，《法令全書》，第三卷，302頁。

遵守嚴禁令者，不在此限，不能斷禁者，應即速遣返歸國。此令周告之後，沿潛伏暗違、忤犯大禁者，不論舊住新渡，一律依法懲處。」〔註 24〕

從上述內容分析，《販賣阿片煙律》、《生鴉片管理規則》及第 522 號、523 號太政官命令，開啟了明治新政府以清國在留人員為防範目標的近代日本鴉片嚴禁政策。

「販賣阿片煙律」的主要對象，按常理應當是日本人，但從所附的太政官命令內容來看，似乎其主要是針對清國在留日本之人員。這一方面說明可能當時日本的鴉片煙吸食者，主要是清國在留之人，另一方面也說明當時的日本政府，非常擔心清國人引誘日本人吸食鴉片。根據《日本外交文書》的記載，當時清國公民在日本數量統計如下表：

神奈川	兵庫	大阪	長崎	箱館	東京
1142 人	300 多人	101 人	560 多人	30 多人	50 多人

*此表根據《日本外交文書》第 11 卷第 255 頁之內容整理而成。

從上表分析來看，當時在日本各開放港口，在留清國人數總計已經超過兩千多人。雖然沒有資料證明此部分人群中，有多少鴉片癮者，但能讓日本政府在「販賣阿片煙律」制定的同時，以太政官命令的方式來嚴禁在日清國人吸食鴉片，恐怕不能單純理解為日本恐怕鴉片流傳於日本，而是因為在留之清國人吸食之風盛行的證明。而外務省令，則給予清國在留之鴉片吸食者以具體的處理辦法。這也表明明治新政府的鴉片政策，名義上是以日本人為主，但實際上是以清國在留民為目標。

明治新政府繼承了幕府時代以「條約」方式禁絕鴉片進口，並以嚴厲的國內法律以杜絕日本人吸食鴉片。其「販賣阿片煙律」及「生阿片處理規則」等，雖以日本公民為目標，但實則主要針對在留之清國人。這樣明治政府的近代鴉片嚴禁制度，從內外兩個層面，阻斷了鴉片對日本的危害及影響。但此制度還存在著一些疏漏，即是對於藥用鴉片之進口，沒有明確的規定。故有些外國商販為謀取私利，以藥用為藉口，繼續向日本走私鴉片。為此，明治政府於 1873 年（明治六年）5 月出臺了《藥用土耳其鴉片規定》：

第一條　為吸食而用之鴉片，不論任何理由，均不允許輸入，且遵

〔註 24〕（日）荒川淺吉，《阿片の認識》，第 155～156 頁。

守阿片輸入之禁制之條約。

第二條　藥用土耳其阿片依照下條之規定允許輸入。

第三條　藥用土耳其阿片與諸藥品輸入稅目同，收取原價一折之稅。

第四條　從事藥用土耳其鴉片輸入者，必須是那些在各國領事館，對其藥鋪進行正常登記，取得進出口特許之人。

第五條　如要獲取特許者，必須提交其姓名、住所及詳細申請獲取特許證書。

第六條　遵守此規則而獲得特許的藥鋪，每隔二個月可進口一定斤量的鴉片。

第七條　獲得藥用土耳其阿片的藥鋪，必須將其持有鴉片的數量、國籍姓名及依據等，以詳細的申請書向府縣廳政府報備，以獲得規則所規定的阿片數量。

第八條　遵從上之規則輸入的藥用土耳其阿片，必須由醫師的記載及診斷之證書，方可賣之，且醫師必須將其買者的姓名、職業及購買原因等，詳細記錄於藥鋪的帳簿之中，一個月買一次者，要將附醫師證明及買入數量等，通報給府政府。

第九條　各府縣廳隨時遣官檢查此帳薄。

第十條　檢查帳薄之時，其賣出量與剩餘量必須與記載之進口數量相合，如果發現違背此規則者，不論任何原因，罰一百至五百元之罰金，且取消其輸入許可。

第十一條　禁止藥鋪的醫師及其他任何人，向日本人出賣藥用土耳其鴉片。

第十二條　上記藥用土耳其鴉片輸入的特許給予及允許進口鴉片的數量等之權限，只有府縣廳有之，其與拒增減之時，沒有必要告之原由。〔註25〕

《藥用土耳其鴉片規定》以國內法的方式，對鴉片的進口輸入進行法律的規範。特別是對藥用之鴉片進口，進行了細緻的法條規定，規定其與其他諸藥品進口同稅，並由特許之藥鋪進行經營，藥用鴉片之買賣數量，需由醫

〔註25〕（日）《藥用鴉片輸入規則仮ニ各國公使ヘ致書送候儀》，JCAHR：A07060224900。

師診斷，並通報給政府，官廳有權檢查鴉片之出入。該規定使日本的鴉片專場制度更加細化與完備。特別是其中規定「禁止任何人向日本人出售藥用鴉片」，使這個規定再次顯現出近代日本鴉片嚴禁政策，主要對象並非針對日本人。

之後不久，日本政府又制定了《鴉片輸入管理條例》，其第一條為「輸入限制稅收之事」，下分四款；第二條為「買入賣出規則」，下分十款；第三條為「買賣代價及經費之事」，下分三款；第四條為「薄冊上申請期限及交付地方官之期程」，下分為三款；第五條為「禁令及罰例」，下分為五款。〔註 26〕

其中「輸入限制稅收之事」，規定了鴉片的輸入及稅收事宜，主要內容為：「藥用之鴉片，不論何用、不論何產地、不論何種類，每年限定斤數，每隔二個月或三個月，輸入一次；吸煙所用之鴉片，不論任何理由，均嚴禁輸入，以嚴格恪守條約中嚴禁鴉片輸入之禁制；現輸入之鴉片，與諸藥品輸入稅制相同，取一成之關稅；由日本政府斟酌一年所需要輸入鴉片數量，如需用，可臨時通知外國增加輸入。」〔註 27〕

另外，對於人民日常需要之藥用鴉片，明治政府則以「外衛第 121 號」予以規定：

> 各開放港口司藥局，販賣給外國人阿片時，司藥局必須將前以西洋報紙等，報導的藥局賣出規則中，規定的極少量鴉片，通知需要購買的外國人士，來對外國人進行販賣。同時，藥商、醫生及司藥局，必須事先詳知其姓名，在其需用量之外，不得有任何多餘，特別是其買入人的姓名、住所證明書及需用說明書等，必須完備。〔註 28〕

《藥用土耳其鴉片規定》、《鴉片輸入管理條例》等，是為圍堵外國商人以藥用為藉口，向日本走私鴉片。但從筆者的研究來看，日本政府不論從內部還是外部的防控，都主要是防止當時吸食盛行的清國人將其惡習傳染給日本人。故在與中國進行修改條約時，積極與清政府進行交涉，將「嚴禁阿片

〔註 26〕（日）《藥用鴉片輸入規則仮ニ各國公使へ致書送候儀》，JCAHR：A07060224900。

〔註 27〕（日）《藥用鴉片輸入規則仮ニ各國公使へ致書送候儀》，JCAHR：A07060224900。

〔註 28〕（日）外務省編，《日本外交文書》，第 11 卷，第 442 頁。

輸入及秘密走私」，作為通商條約中不可缺少之內容。

此前日本與清國所簽訂條約中，只將鴉片列為日本海關稅則第三種違禁物之項，且只侷限於為中日之間的一種禁制，沒有如諸西條約中那樣，以斤量作為限制，故在與清交涉「日清修好通商章程」時（1878年1月29日），日本外務卿即給清公使何如璋寫信，明確表示鴉片相關款項，將作為其中重要的一項：「我邦嚴禁外船攜來鴉片，攜帶三斤以上渡來者，概以沒收遣返，且科以罰金。在與貴國交換修好條約之時，望將鴉片之事，作為其中一項。」〔註29〕

清政府方面於（1876）光緒二年正月十八日回覆：「來文內稱，鴉片報關封鎖入艙，與成規逕庭，仍從成規為妥，如別設法，不致沾染，則與西約一律歸辦等因，查鴉片禁令，原恐日民沾染，若船載之貨，不准起岸，華民吸食者，令其回華，則日民自不至於沾染，今擬仍照西約一律辦理，凡三觔以外，照章查拏毀棄，其私載發賣者，每斤照章罰洋十五元，不得加重倍罰，以照平允，嗣後如查有食煙華民，不准上岸逗留，即令回華，以免日民沾染，而全兩國友誼。」〔註30〕

清政府的答覆，應理解為中日之間關於鴉片事宜，參照日本與西洋各國的成例。但由於日本方面顧忌清民的鴉片惡習傳染給日人，故還在日本各開放港口如何處理中國民吸食鴉片問題，提出如下意見：

一、凡稱鴉片者，無論食煙藥料，外洋語軋謨越幾斯，及將鴉片所製各種藥名，雖為代用，其實難免為鴉片一種之物，自應在該名目中義罰。

二、所有每觔追取罰洋，由貴理事官送交本政府，方可銷案。

三、貴國人民雖在所住房屋內，亦不得其喫片煙，尚有毫犯，法在必行，決不輕貸，即刻拏獲本犯送交貴理事官，在貴理事官處，截留本犯，俟有便船，驅逐本籍，不許再到日本；如查有本犯再來者，一面警察斷捉捕，一面貴理事官即當按律處罰（此款係為警察在記內喫片煙所設，即應本邦警察官隨時進入大清國

〔註29〕（日）《日清修好通商條約締結一件　松本記錄　第二卷》，JCAHR：B06151017400；外務省編，《日本外交文書》，第11卷，第248～249頁。

〔註30〕（日）《日清修好通商條約締結一件　松本記錄　第二卷》，JCAHR：B06151017400；外務省編，《日本外交文書》，第11卷，第249頁。

民所住房屋內查勘）。

四、凡帶有鴉片煙具者，雖不查出，本犯亦應將該煙具概行入官毀棄。〔註31〕

日本方面提出的意見中，日本警察隨時可進入清國民居住的房屋內搜查。這種要求無視中國公民的隱私權，也違反國際成規，更無視中國的治外法權，故清駐日大臣對日本的照會，提出了反駁性意見：

一、凡稱鴉片者，無論食煙藥料，外洋語軋謨越幾斯，及將鴉片所製各種藥名，雖為代用，其實難免為鴉片一種之物，自應在該名目中義罰，一款，查鴉片一物，其未經熬煎者，謂之煙膏，此二種均應議罰，至所稱鴉片所製各種藥名，本大臣查我國向來並無此物。

二、所有每觔追取罰洋，由貴理事官送交本政府，方可銷案，一款，查果有私載入口者，在關查獲，所有每觔罰洋，應縱送該口地方官，不必送交政府，以歸簡易，一稱貴國人民，雖在所住房屋內，亦不得喫片煙，尚有毫犯，法在必行，決不輕貸，即刻拏獲本犯，送交貴理事官，在貴理事官處截留，俟有便船，驅逐本籍，不許再到日本，如查有本犯再來者，一面警察官捉捕，一面貴理事官，即當按律處罰，又此款係為警察在房內喫片煙所設，即應本邦警察官，隨時進入大清國民所住房屋內，查勘，一款。查鴉片一物，流害至深，我國無知細民，誤服其毒，本大臣實所深惡，貴大臣保護己民，懼其沾染，則當按照中西兩約，於各國商船海關進口之時，嚴行查拏，則無從販賣，即無從吸食自然無從沾染，若慮我國人民在房屋內喫煙，則我理事官自有役卒查訪，若慮驅逐回華之犯，再來日本，則我理事官自備有冊籍稽查，即念互相為助之意。貴國地方官，如果確有見聞，自可隨時知照我國理事官，認真查辦，何得遽令警察官，即刻拏獲，一面捉捕也，又能所稱警察官隨時進入我國民所住房屋內查勘。我國從來無此政體，施之通商各岸，尤為非宜，且此事一行，實多擾累，將來必有警官官，借查喫片煙之名，無故入人房屋，混行滋事者，又恐有我國小民，因警察官無故

〔註31〕（日）外務省編，《日本外交文書》，第11卷，第250頁。

入屋，藉口爭竟者，積日既久，必生嫌隙，本大臣與貴大臣，豈忍於兩國和誼，致令小民決裂，故此事斷不可行，本大臣敢為詳悉言之。一稱凡帶有鴉片煙具者，雖不查出本犯，亦應將該煙具概行入官毀棄，一款查中國商人進口，若帶有鴉片煙具者，必帶有鴉片土膏，若既查出土膏，自可將煙具概行毀棄，至所用器具，未能確證其專為煙具者，須知照我國理事官詳查，不得遽行毀棄以杜藉端滋擾。總之，鴉片一物，本大臣既所深惡，斷無阻護華民吸食之理，我既設立理事官，約束己國商民，自應飭理事官自行嚴查、禁防，不准誘惑土人，稍有違犯，以符條規第三條之意，貴大臣亦惡此物，自應按貴國律例，嚴禁貴國人民販賣吸食，彼此深念和誼，各守禁令，互相為用，貴大臣自可與本大臣，商量嚴禁沾染之法，以盡兩國友誼，為此照覆，即煩。〔註32〕

日本方面也不肯讓步，堅持自己的觀點：

一稱於海關進口之時，嚴行查拿，則無從販賣，即無從吸食之一款，查我國律例，吸食阿片一案，本有嚴禁之例，未見陽為吸食者，然阿片一物因喫量有限蓄積之器無從為大乃隱藏於別種對象之中而關吏查驗之際，可得容易私走而從僥倖過關，帶進房內，私為吸食者，間或有之，且吸食之晷，亦不為長，乃念應有探偵之功，實在難行，而欲靖此弊端者，無他，惟在用心嚴行盤查耳。至於前陳所有我警察之官吏，隨時進其房內查勘之款，非敢為妄想貴國人該有此弊，而擅自進房之事，此款所設之意，即如街坊巡邏之際，有現行犯罪者，有人密告，或由窗外確證本犯在內，一經查出，猶豫不捕，即恐致有失蹤跡，無由揖捕，故若一瞬間，亦不得躊躇，則，直進房內，捉捕現行犯罪者也。此係警察官宜盡鞅掌之事，先經知照文意之底細講究，實在如此，即希諒察，又查我警察官職制，本因嚴密，固無藉端無故入人房屋滋擾、妨害人民權利之理，然熟考來文之意，如謂我警察官吏藉端入人房屋滋事等語，則雖係想像之說，竊思此項，有干預我警察官之名譽，頗屬過慮之事。再稱有一朝回國之犯，再來日本，則我理事官，自有冊籍稽查，何得遽令

〔註32〕（日）外務省編，《日本外交文書》，第11卷，第251～252頁。

警察官，即刻拏獲，云云，但此冊籍，雖錄有犯者姓名，然如該犯再來我通商口岸，不願到貴理事署報名，因人眾家密，貴理事官，亦應不能知其所在也，但知有犯者蹤跡分明者，即將此事，應由我警察官，飛知貴理事官查照，惟此舉有宜歸貴理事官辦理之暇，自應知照貴理事官查辦，或不然，如警察官，耳聽目睹，速不拏獲，則有逃逸潛匿之虞者，事涉急劇，應無知照貴理事官，即行拿獲，惟至面貌形象相似，而未能確證為其真犯，與準作真犯者，其逮捕方法，自有緩急，亦不俟論，食煙及管箋等，並無類似之物，除知會貴理事官查照外，其煙具一併，應封存警察官處，俟判結後，係分明別項物事者自行給還原主，但如警察官查出貴國人現為吸煙者，進房查驗一節，惟止貴國商民，如在欽差府內僕役工人等，尚有犯罪者，由外務省知照貴大臣，該求調處，至於宜敬欽差計之禮，警察官自有會意，斷無擅進欽差府內，是乃不須贅言，所有分別之處，載在公法書中，萬國皆有所共守者，知貴大臣早有洞察，因前款所設這處分者，乃出萬不得已之策，諒必貴大臣亦須明知此理照行，本大臣亦信貴大臣慨允此事矣，為此照會，須至照會者。〔註33〕

中日之間就鴉片之事你來我覆，最終沒有達成共識，只是在「日清協定」中，使「日清條約稅則中罰則適用」。這基本按清國方面所提出條件來處理。為此，時任大藏相的伊藤博文還提出質疑書。這表明，日本欲按照自己的想法，無視中國的治外法權，來防控清國人傳播之理想破滅。另外，從中日條約中鴉片事宜的交涉來分析，亦可看出那時的中日外交，中方還保持一定的優勢。

三、哈特雷鴉片走私事件對鴉片嚴禁政策之影響

1877年12月14日，住在橫濱的英國貿易商人約翰哈特雷，秘密走私20磅（1磅＝0.9072斤）鴉片，被當時的橫濱海關查獲。橫濱海關長本野盛亨，根據1858年8月26日簽訂的《日英條約附加貿易規則》第二條末款，及1865年英國與日本的《オルドル・イン・コウンシル》條例第八十四節，向橫濱英國領事法庭提出上訴，請求給予哈特雷刑罰。

《日英條約附加貿易規則》第二條末款規定：

〔註33〕（日）外務省編，《日本外交文書》，第11卷，第260～261頁。

根據阿片輸入禁制，英國的任何船隻，以商業為目的，渡來日本時，如若船中有鴉片三斤以上時，其三斤以上部分，由日本官方沒收消毀，不論任何人，如果企圖走私鴉片，每斤鴉片處罰金十五美元（弗）。〔註34〕

而《オルドル・イン・コウンシル》條例第八十四節規定：

在日本滯在的英國臣民，如有不遵守日英條約者，當看作為條約犯罪，其罪責當處予條約面明文規定之罰金，其罪依據此條例公開判決，但罰金不得多於條約面所規定之金額。〔註35〕

根據以上條約規定，英國商人哈特雷的行為，完全構成「條約犯罪」。雖然被告人哈特雷狡辯說，不知道貨物裏雜有鴉片。即便如此，其在條約上走私罪也成立，故被告將被認定為有罪。哈特雷便改變說法，企圖鑽國際法的空子，在庭上答辯時稱，本訴訟之鴉片，非貿易規則中所揭載的鴉片，因鴉片又分為吸煙及藥用兩種，貿易規則中所說的鴉片是吸食用之鴉片，本訴訟所說之鴉片，是藥用之鴉片。

1878 年 2 月，英國領事法庭以生鴉片作為藥品進口為由，判決被告無罪。〔註36〕這種判決結果，將使鴉片以「藥用」為藉口，自由地輸入到日本國內，如果其他國家也傚仿英國之做法，鴉片將以「藥用」名義，源源地湧入日本，自開國以來的鴉片禁制之努力，也將付之東流。由於此事件涉及到治外法權，日本被迫必須與英國政府就此事件進行交涉，因此日本政府向駐日英國公使帕克斯表示不服判決，雙方就此問題進行談判。但帕克斯認為，雖然在「貿易規則」及「改稅約書」有主張「禁止鴉片輸入」之項，但「貿易規則」及「約書」中所主張的鴉片，是吸煙所用之鴉片，而非藥用之鴉片。不但如此，帕克斯還主張藥用鴉片為必需品，日本應早日制定鴉片的進口辦法。〔註37〕

帕克斯的說法，明顯道出了條約內容之不周延處，也意味著日本的外交交涉將以失敗而結束。但日本為堅持鴉片的禁制，決定再與英國交涉。由於此議論具有刑事訴訟之性質，如果日本想申訴的話，唯有要求英國國王特

〔註34〕（日）外務省編，《日本外交文書》，第 11 卷，第 445 頁。
〔註35〕（日）外務省編，《日本外交文書》，第 11 卷，第 445 頁。
〔註36〕（日）外務省編，《日本外交文書》，第 11 卷，第 455～457 頁。
〔註37〕（日）外務省編，《日本外交文書》，第 11 卷，第 471 頁。

批，並提交內閣司法委員會進行審核這條道路。故日本政府特令日本駐英公使，聘請律師並準備訴訟書類，向英國提出不服橫濱裁判之理由。

就在此案件審理之時，哈特雷竟然無視日本的感受，於 1878 年 1 月 8 日，再度企圖在神奈川港將 12 斤生鴉片混在橡膠中走私到日本，被日本當局所查獲。日本政府依照相同程序，再次向英國領事法庭提出起訴，但英國領事法庭卻以其所持鴉片，其可卡因的含量是屬於藥用鴉片還是吸食鴉片並不明確，及日本方面要求沒收物品的請求難以成立等原因，拒絕受理日本政府的申訴。

日本政府並不甘心，於是將申訴內容修改為「英國汽船馬拉遜號，將裝有橡膠及 12 斤鴉片（非藥用）的箱子，走私到日本，根據 1858 年 8 月 26 日日英條約附屬條款第三則，日本稅關沒有給予相關手續，違反了以規則中第二則第三節，依照此規則，上述 221 磅橡膠及鴉片（非藥用），應當予以沒收，如果不執行，請給予理由！」〔註 38〕

英國領帶法庭被迫受理之後，於 4 月 6 日下達了英方的審判決定，認為此案中的鴉片，確實屬於管制中的吸食鴉片，因此，視哈里斯此次行為，為不法走私，按條約規定，應當科以罰金。但領事法庭卻認為，該案鴉片雖為吸食鴉片，但其中三斤仍為正常出貨，其餘鴉片應全部燒毀。另外，此案中涉案中的橡膠，則認定正常的貨品進口，不應予以沒收，由被告領回。〔註 39〕

哈里斯「走私鴉片事件」雖然就此告一段落。但此事件對正處於修改條約中的日本政府來說，無疑產生了非常大的負面影響。明治新政府修改條約的意圖，就是期待著解除在法權和稅權方面的不平等，即撤銷領事裁判權和恢復關稅自主權。〔註 40〕但在英國領事裁判過程中，英國維爾金松領事第一次將生鴉片作為藥用鴉片來處理，而宣判哈里斯無罪，第二次雖認為其走私的鴉片為吸食鴉片，但只是沒收其中三斤量的鴉片，並沒有按照貿易規則，將不實申報之物品，分別扣留、沒收。

哈里斯「走私鴉片事件」究竟對日本政界產生多大的影響，筆者目前沒有深入研究。但伊藤潔在《臺灣統治與鴉片問題》中認為，「紀尾井阪之變」，即源於此事件：「由於當時日本國內正興起對『薩（摩）長（州）』藩閥專制政

〔註 38〕（日）外務省編，《日本外交文書》，第 11 卷，第 475 頁。
〔註 39〕（日）外務省編，《日本外交文書》，第 11 卷，第 475 頁。
〔註 40〕安岡昭男，《日本近代史》，中國社會科學出版社，1996 年，第 264 頁。

權的不滿，使得英國領事兩次不公正的判決，成為輿論激烈批評藩閥政府的焦點，從而導致哈特雷事件牽連到日本的內政問題。輿論指責藩閥政府為了獨佔政權，竟屈從如此屈辱的條約和判決，在此一激烈譴責聲浪下，導致同年5月14日，藩閥政府首領的大久保利通在紀尾井阪為不平士族島田一郎所殺。」〔註41〕

「紀尾井阪之變」更使日本政府認識到此事件的重要性，5月18日，日本政府以訓令的方式，命令將哈里斯「走私鴉片事件」，上訴到英國國會司法委員會。同時，日本駐英公使上野景範也多方求助，在拜會外務次長龐斯福特（Sir Julian Paunceforte）時，福特認為維爾金松的判決確為不當，建議上野代表日本政府直接向外相提出申訴。6月4日，上野景範將事件相關上訴原委照會外相薩里斯貝利爵士（Lord Salisbury）。外相8月5日回覆上野，已經讓駐日公使就此事件進行解釋，同時提出希望日本盡快就藥用鴉片輸入進行商議，制定相關的規則。〔註42〕

日本政府緊急廢止了明治三年頒布的《生阿片管理規則》，於1878年（明治十一年）8月9日，制定了《藥用鴉片買賣及製造規則》，其具體內容如下：

第一條　鴉片的製造及專賣，依據此規則，屬於國家藥用品。

第二條　藥用鴉片，不論國產還是進口品，全部由內務省購買及制定品階後，由各司藥場再批發給特別專賣藥鋪，再零售。但沒有設置司藥場之地方，由該地方廳進行批發業務。

第三條　各司藥場批發的鴉片數量每一匁作為一器，每器都貼附司藥場的印紙。

第四條　地方廳以土地廣狹及位置，每管內指定相當的人員，作為藥鋪的身元保證人，上報給內務省，由內務省發放給本人許可牌照。但如果有廢業者，其牌照由內務省收回。

第五條　授與特許牌照的藥鋪，其住所姓名，由該管轄廳向公私病院醫師藥鋪報告。

第六條　持有特許牌照的藥鋪，在其店面要掛有「特許藥用鴉片專賣所」的牌子。

第七條　授受特許的藥鋪，半年份的鴉片賣捌及數量預算，每年兩

〔註41〕劉明修（伊藤潔）著，李明峻譯，《臺灣統治與鴉片問題》，第32頁。
〔註42〕（日）外務省編，《日本外交文書》，第11卷，第496頁。

次向就近的製藥廠（沒有藥廠的地方向地方廳）提出批發請求，但缺乏之時也可臨時申請。

第八條　所有醫院及一般藥鋪，要求購買鴉片時，要持有需要的藥用鴉片數量品類、住所、姓名、年月日、醫院的名稱及附有院長或副院長姓名及印章的證明，特許藥鋪購求時，特許藥鋪每次可買的鴉片數量不得超過四十匁；但醫院及醫師等為圖方便，在一般藥鋪購買鴉片，或一般藥鋪相互買賣鴉片時，即使有本條所規定的證明，其數量也不超過八匁。

第九條　不論本國人還是外國人，除持有醫師處方者，特許藥鋪及一般藥鋪一概不准許私賣。

第十條　特許藥鋪每半年，將鴉片批發及一匁以上售出鴉片的賣捌數，及購買人的住所姓名及一匁以下賣捌的總數等明細表，製成正本與副本，交付給所在官廳，特別是一匁以下的部分，平常必須詳細記載，以備隨時抽看，但管轄廳將其中一本（正本或副本）上交到內務省。

第十一條　醫院及一般藥鋪，每半年必須上交前條所述之明細表，但日常也必須有明細記錄，以備隨時調查之用。

第十二條　有欲尋求藥用鴉片製造者，明記其罌粟的種類及培育採收製造的方法等，經由所在管轄廳，由內務省授給許可牌照。

第十三條　鴉片製造人，將記其所製造的鴉片數量、姓名及印章的申請書，經由地方廳，向內務省提出購買，但購買品，決不可向外出售。但製藥廠裏面有適合於某品位鴉片之製造人時，由地方廳將其意願通知給製造人，並將鴉片預先放置於廳中。

第十四條　鴉片的購買及批發的價格，因年時豐凶及國外鴉片價格高低的變化而變動，但制定其等級及價格，由該藥之主要成分嗎啡之含量而定。

第十五條　由內務省購買及批發的鴉片，其嗎啡的含量，限於六分以上，十一分以下。

第十六條　違背此規則者，根據其鴉片買賣及鴉片製造之犯情，沒收其鴉片，將科以一百五十元至五百元以下之罰金。〔註 43〕

同時日本政府還針對外國人，制定了《鴉片銷售規則》，內容如下：

今後對外國人需要之藥用鴉片，日本政府以特許的方式，依照下列規則賣出。

第一條　鴉片的賣出，只侷限於日本開放港口的內務省所轄之司藥場，沒有司藥場之地區，該地方廳管轄。

第二條　鴉片由本國政府特許的藥鋪賣出。

第三條　上述賣出所售出的鴉片，其乾燥品要貼有司藥場含有 8% 至 12%的海洛因的檢驗單。但一次賣出量，只能是四十匁以下。

第四條　如果想要購買鴉片，必須將其姓名住所國籍及購買數量等詳細登記，以書面的形式提出申請。

第五條　接受鴉片專賣的藥鋪，只出售給醫師認定需要使用的證明，及醫師處方者，其他一律不得出售。

第六條　上記藥鋪要將前記的申請數量、購買的數量、製藥用的總數量及剩餘數量的書面資料提交給司藥場。但詳細記載前條證書、處方書及本條中所說的製藥用的種類及數量等的書類，必須貯備在案，以備日後官員隨時檢查。

第七條　第六條記錄資料不上交，只售給持有醫師認定需要使用的證明書、及醫師處方的人，如果懷疑藥鋪可能將鴉片售用吸食，就停止其鴉片經營權。〔註 44〕

從以上《藥用鴉片買賣及製造規則》內容分析來看，該規則將鴉片全部收歸為國家藥用品，其製造及銷售也完全收回國有，不論國產還是進口品，全部由內務省購買制定品階後，由各司藥局再批發給特許專賣藥鋪零售。此法條的制定，從法源上阻斷了外國商人以藥用為藉口，非法向日本走私鴉片，也為日本實施完全禁止吸食鴉片政策提供了保障。該「規則」是在哈特雷「鴉

〔註 43〕（日）外務省編，《日本外交文書》，第 11 卷，第 511～512 頁。《藥用阿片売買並製造規則》，JCAHR：A07061766500。

〔註 44〕（日）外務省編，《日本外交文書》，第 11 卷，第 513 頁。

片走私事件」，日本兩次與英國交涉失敗後，才緊急制定出來的，更是在明治新政府收回治外法權的大歷史背景下，由於在外交失敗中，意識到鴉片相關法律有欠缺之處，故在國內法上給予的補充。

《藥用鴉片買賣及製造規則》緊急制定出來，英國方面也認為，哈特雷鴉片走私事件中的判決似有不當，但卻以日本新訂之「規則」為參考，進行推諉，遲遲不給日本政府以正面的回答。不久，上野景範被召回國，由繼任的臨時代理公使富田鐵之助與英國繼續交涉，但交涉並未能獲得進展。1879年，外相寺島宗則辭職，由井上馨繼任。11月，由森有禮任日本駐英國全權公使。井上馨與森有禮認為修改條約比鴉片問題更為重要，故決定暫緩上訴。於是「哈特雷鴉片事件」以日本忍辱草草收場。但由此事件而牽涉的鴉片問題，卻留給日本朝野深刻的侮辱印象，更增加了對吸食鴉片採取堅決的禁止態度。

1880年，明治政府修改刑法，又將鴉片罪列入其中。在《刑法》第二編第五章「阿片煙相關之罪」中，規定：輸入阿片煙及阿片吸食器具持有者、製造販賣或以販賣為目的的阿片持有者、為圖利而為阿片煙吸食者提供吸食場所者，處以懲役五至七年以下的嚴刑，阿片煙吸食者或阿片煙吸食道具持有者，亦處以體量此刑來處理。〔註45〕

小　結

綜上所述，明治維新以來的日本鴉片禁止制度，伴隨著明治新政府修改不平等條約、恢復國權之歷程，其間與清國的交涉雖不順利，但並沒有影響到國內政局，但因英國商人哈特雷走私鴉片事件使修約工作遭到重挫，使日本國內恢復國權之呼聲高漲，這才促成對鴉片採取以刑法為法源的嚴禁制度之確立。

〔註45〕（日）《刑法》《華盛頓會議參考資料　第一號　阿片問題》，JCAHR：B06150945500。

第二章　日據初期鴉片漸禁政策確立的原因

日據臺灣五十年的鴉片專賣制度，是殖民地差別待遇的最明顯表現，也是日本自認為殖民統治中最引以自豪的一部分。在現存研究臺灣鴉片政策的論著〔註1〕中，一般都認為據臺之初，日本的方針及輿論都是斷禁，但由於臺灣民主國的創立及各地人民的強烈反抗，這種「斷禁」想法胎死腹中，半年後政府採用內務省衛生局長後藤新平所提出的漸禁政策，臺灣鴉片專賣制度得以最終確立。以這樣的論點看來，後藤新平及所提出的「意見書」，在其中起了關鍵性的作用。一份「意見書」就能促成了喧囂爭論不止的鴉片政策得以確立，似乎在論證有些單薄，是否有其他的原因被研究者所忽視呢？本章僅就這些問題進行新的探討。

一、臺灣總督府與鴉片「漸禁政策」

臺灣總督府是日本據臺後最高的統治機構，也是臺灣鴉片政策真正的執行者，故其在政策制定中的作用，應是研究臺灣鴉片專賣制度的第一切入點。

〔註1〕目前關於日據臺灣時期總督府鴉片政策的研究，專著，目前在臺灣方面只有劉明修的《臺灣統治與鴉片問題》，碩士論文有三篇，即為《日本殖民體制下的臺灣鴉片政策》（張文義，中國文化大學日本研究所，1987年）、《日據時期臺灣鴉片漸禁政策之研究1895年～1930年》（陳進盛，國立臺灣大學政治學研究所，1988年）、《日據時期臺灣鴉片問題之探討》（城戶口康成，東海大學歷史學研究所，1992年）等。

1. 伊藤博文與現地執行者之間關於鴉片問題的分歧

1895 年 4 月 10 日，中日兩國在馬關談判中，首次涉及到臺灣鴉片吸食問題。日本首相伊藤博文以「日後領臺，必禁鴉片」〔註 2〕的承諾，不僅讓李鴻章無言反駁，亦因此獲得倫敦「反鴉片協會」的「頌德狀」，成為「現代的救世主」。〔註 3〕故在日本籌建總督府的 5 月份，臺灣鴉片問題，就成為內定總督府民政局長水野遵的「日夜苦惱之源」。〔註 4〕

5 月 10 日，日本政府任命樺山資紀為臺灣總督。同時發出了伊藤博文的《給臺灣總督府的訓令案》，其中就臺灣鴉片問題，曾有特別的指示：「鴉片煙是新領土施政上的一大害物，在新政實施的同時，應依我國與各締盟國條約之明文，向臺灣島民公布嚴禁鴉片煙之宗旨，然需明訂寬限期間，於道義上應予業者處理商品之緩衝期，且此事與英國商業有重大關係，不可不慎思遠謀。」〔註 5〕

從接收「訓令」相關鴉片內容分析來看，伊藤認為鴉片是施政上的一個難題，處理的宗旨雖是嚴格禁止，但由於既有庫存鴉片，故應給予業者一個處理時間；另外從對外關係上考慮，也必須採取一個可行的措施。故筆者認為，以伊藤博文為代表的日本政府，在條約取得臺灣之時，對將採取的臺灣鴉片政策傾向於嚴禁，這一點似乎是毋庸置疑的。這一方面是由於日本自「安政條約」來以，一直嚴格禁止外國人輸入鴉片，也嚴格禁止日本人吸食鴉片，臺灣即為日本領地，當尊從慣例；另一方面，也因伊藤博文在馬關談判時誇下了嚴禁的海口，並因受領「頌德狀」而名揚海外，如果失信，將有損於日本的國際形象。

但有一點非常值得玩味，現存檔於日本國立公文書館的《臺灣総督府ヘ訓令案ノ件》〔註 6〕之原件中，並沒有此項關於鴉片之內容。而在山邊健太郎編著的《現代史資料——臺灣（一）》及高濱三郎的《臺灣統治概史》中，收錄了帶有嚴禁鴉片內容的「訓令案」；而《日本外交文書》第 28 卷第 2 冊、

〔註 2〕（日）《日清講和條約締結一件／會見要錄》，JACAR：B06150073000。
〔註 3〕（日）水野遵，《臺灣阿片處分》，発行者：水野遵，明治 31 年，第 1 頁。此資料承蒙在日友人車長勇先生幫助收集，特此表示感謝！
〔註 4〕（日）水野遵，《臺灣阿片處分》，第 1 頁。
〔註 5〕（日）山辺健太郎編，《現代史資料——臺灣（一）》，みすず書房，1971 年，第 X 頁。
〔註 6〕（日）《臺灣総督府ヘ訓令案ノ件》，JACAR：A03023062200。

伊藤博文所編的《臺灣資料》(秘書類纂)、總督府編纂的《臺灣總督府警察沿革志》及《原敬關係文書》等，所收錄的「訓令案」都沒有關於鴉片的相關內容。〔註 7〕

日本學者山田豪一研究認為，之所以在「訓令案」中最終刪除鴉片相關內容，是由於當時臺灣總督樺山資紀及民政局長水野遵的進言。〔註 8〕筆者曾查閱「訓令案」原件，此「訓令案」雖發布於 5 月 10 日，但在 8 日時曾在內閣進行討論，故推測可能是訓令案在閣議時，關於鴉片事項，有人提出反對意見。此推測在水野遵的《臺灣阿片處分》中得到證明，水野自述曾為鴉片問題的決定，而陷入了「臆病」。樺山也曾言：「阿片問題不是馬上就可以禁遏的，應尋求其他適當的辦法，這樣的難題，最好現在不要解釋為好。」〔註 9〕故在 5 月 10 日公布的「訓令案」中刪除了此項相關內容。

「訓令案」中鴉片相關內容的刪除，意味著當時已被任命為臺灣總督的樺山資紀及民政局長水野遵，不認同或對伊藤的嚴禁政策有所疑慮，但一時又沒有更好的解決辦法，故主張先放置一段時間，再做考慮。如果此推斷成立的話，這表明當時伊藤首相，與即將成為臺灣實際統治者的樺山與水野等，在鴉片政策上存在著分歧，而伊藤尊重現地統治者樺山與水野的意見，才使「訓令」中的「鴉片煙之事」(第 11 項）與「外國宣教師」(第 10 項）這兩項內容，全部被刪除。

樺山及水野的做法，也自有其道理。他們早在領臺以前，就以「臺灣通」著稱，樺山與水野都曾在 1874 年日本出兵臺灣前後，親自到臺灣考察，對臺灣情況較為熟悉。特別是水野遵曾留學於清朝，對臺灣人鴉片的嗜好，及鴉片在財政上的意義，應當較為瞭解，故主張鴉片問題延後再做決定。

另外根據山田豪一的研究，記載鴉片事項的文書，主要在戰前廣為傳播，

〔註 7〕（日）《現代史資料——臺灣（一）》第 xii～x 頁、高浜三郎，《臺灣統治概史》（新行社，昭和 11 年）第 28～34 頁、《日本外交文書》第 28 卷第 22 冊（日本國際連合協會，昭和 28 年）第 553～556 頁、伊藤博文編の《臺灣資料》（秘書類纂，原書房，昭和 45 年）第 434～439 頁；《臺灣総督府警察沿革志》第二卷（南天書局，1995 年復刻）第 27～29 頁；《原敬関係文書》第六卷（日本放送出版協會），第 208～211 頁。

〔註 8〕（日）山田豪一，《臺灣阿片専売史序說》，《社會科學研究》第 38 卷第 1 號，早稲田大學亜細亜太平洋研究中心，1992 年 8 月 31 日，第 35 頁。

〔註 9〕（日）水野遵，《臺灣阿片處分》，第 22 頁。

但並沒有說明什麼原因。〔註 10〕筆者查閱了現藏於日本國立公文書館的《臺灣總督府警察沿革志》〔註 11〕，及日本外務省存檔的《外交文書》第 28 卷的原檔，它們的出版年限分別是戰前的 1938 年及 1943 年，而「沿革志」及「外交文書」的影響，應當是遠遠大於諸如山邊等人編纂的資料集，故筆者認為山田豪一的說法，值得商榷。

2. 臺灣總督府初期的鴉片對策

日本在整個議和談判中，採取的是秘密外交，故伊藤博文的禁煙豪言，只是在海外進行了報導，日本國內並不知曉。7 月時，由於三國干涉還遼，東京日日新報報導了臺灣鴉片相關內容，才引發了轟動一時的臺灣鴉片問題大討論。〔註 12〕

而水野遵到達臺灣後，馬上著手對鴉片問題進行調查。日日新報報導的內容，即是源自於臺灣總督府在接收淡水、基隆兩海關後，開始進行的關稅收入調查。

7 月 8 日，東京日日新報的特派員石冢剛毅，以總督府的名義，在報上發表了《阿片問題》一文，就臺灣鴉片問題，拋出試探性的氣球：「現今臺灣鴉片的輸入，如果從國內法上探討，當然是必須禁止的，但如果從國際法的視角上考慮，獲得他國領土時，新的主權者，不能不受舊的主權者，其在領土上相關條約的羈絆，而能否馬上解脫，當然也是一個問題。故鴉片的輸入，依據舊慣，日後必須與各國商量，或者直接科以禁止的重稅，這是有識之士必須研究的問題。」〔註 13〕

石冢的鴉片相關報導，是以臺灣總督府的名義發表的。雖然報導沒有明確說明總督府究竟將採取什麼政策，但試探性的放出以「禁止重稅」名目，允許鴉片輸入，以圖增加財政收入的意圖。而實際上，總督府確實默許著鴉片的輸入及吸食。「淡水海關公然徵收輸入稅，外商也販賣鴉片，本島人繼續製造吸食著鴉片。」〔註 14〕

隨後，在 7 月 12 日，石冢又在日日新報上，報導了淡水海關鴉片輸入情

〔註 10〕（日）山田豪一，《臺灣阿片專売史序說》，第 49 頁。

〔註 11〕（日）《臺灣総督府警察沿革志第 2 編．領臺以後の治安狀況（上卷）》，JACAR：A05020352000。

〔註 12〕（日）山田豪一，《臺灣阿片專売史序說》，第 35～36 頁。

〔註 13〕（日）《臺灣通信第 15 信》，《東京日日新報》，明治 28 年 7 月 18 日。

〔註 14〕（日）水野遵，《臺灣阿片處分》，第 7 頁。

況。報導稱，日本在接收兩海關後，裝載著鴉片的英、德船「福爾摩薩號」及「ハイモツ號」首次駛入港口，雖然還不到一個月的時間，就有了十万多元的收入。徵稅也在入港之後辦理，一旦鴉片收入倉庫，檢查重量後，一擔就要付海關稅 30 兩、釐金 80 兩，總計 110 兩，折算成當時的日本元為 165 日元，始明白這才是值得期待的財源！〔註 15〕

12 日的報導，依然是以臺灣總督府的名義發表的。它以更直接的形式，向日本內地報告臺灣鴉片的輸入正在繼續進行，並委婉地表明，總督府期以「禁止稅」的名義，增加財政的思路。

總督府民政局最初的工作，就是接收稅關及開展稅收的調查，在民政局內鴉片相關問題的研究調查，早在接收臺灣時就已經開始，故以稅收為前題的「禁止的重稅案」，逐漸成為總督府民政局的一個立案。此點從水野遵提交給日本政府的報告書「臺灣行政一斑」〔註 16〕中，可窺視出其中的端倪。

在這份報告書中，水野遵將臺灣舊政府的財源分為六個部分，其中最大一部分是關稅。下表為水野遵推算的清政府統治時期主要財政收入的統計概表（統治單位為：元）：

關稅（含鴉片釐金）	地租	釐金（官鹽利益金）	官田小作料	樟腦窯稅	土地登記稅	合計歲入
1,608,696	828,785	959,596	47,937	450,000	450,000	4,345,014

*此表內容根據水野遵守《臺灣行政一斑》之內容整理而成。參見：《原敬關係文書》第六卷，第 266 頁。

根據上表分析來看，以鴉片輸入關稅及釐金為主的收入，占臺灣歲入的四分之一左右，實為清政府時期臺灣財政收入的關鍵。

下表為 1887～1892 年間鴉片輸入與收入在清政府時期臺灣財政中所佔比例：

年　次	鴉片輸入量（斤）	鴉片收入（單位：海關兩）			政府總收入②	①／②
		海關稅	釐金稅	總計①		
1887	4,247,000	126,983	299,289	426,273	872,100	49%
1888	4,642,000	139,339	371,566	510,906	1,002,590	51%

〔註 15〕（日）《臺灣通信第 15 信》，《東京日日新報》，明治 28 年 7 月 18 日。

〔註 16〕（日）《臺灣行政一斑》，《原敬関係文書》第六卷，第 261～289 頁。

1889	4,734,000	142,017	378,713	520,730	990,148	53%
1890	5,042,000	151,452	403,804	555,258	1,045,247	53%
1891	5,582,000	167,497	446,640	614,138	1,111,570	55%
1892	5,141,000	154,522	412,061	566,585	1,079,101	53%

*此表根據劉明修《臺灣統治與阿片問題》第 9 頁之附表整理而成。

從上表分析來看，鴉片在清政府時期的臺灣財政收入中，實際上比水野遵估算的四分之一左右還要高，一般都占到二分之一左右，這說明清朝統治者主要靠鴉片收入來維持臺灣財政，故我們在批判日本的臺灣鴉片政策之時，更應當反思清政府的鴉片政策。

另外，總督府在關稅上的考慮是，「海關稅率，在輸入上，除鴉片外，與日本現行稅率相同，輸出上繼續施行現行稅目。」〔註 17〕當時臺灣海關茶的舊稅率是一擔 3.85 元，而日本現行稅率則是 1.125 元，如果按照日本稅率，茶的稅收將減少 450,448 元。而當時作為第二財源的釐金，由於各地釐金局的解散，其徵收基本已經廢止。雖然也可用製造稅來代替釐金，但短時期內難以完成。在兵荒馬亂之際，其地租的徵收、土地登記稅等，都不可能順利進行。如果不包含鴉片稅及釐金，即使忽略茶葉稅減少部分，1896 年的臺灣財政預算也將欠虧 2,073,868 元（收入預算為 4,215,000 元），且這種狀況將持續數年，等地租的增徵成為可能才能緩解。〔註 18〕

因為鴉片收入在臺灣財政收入中所佔的比例，使初期軍費驟增、財政緊張的總督府，決不可能輕言放棄鴉片的收入。特別是總督府在行政經費上的思路是，「決行行政經費的一部或全部，從本島的財源中取得。」〔註 19〕如果放棄鴉片的收入，在兵荒馬亂之時，臺灣的財政將要幾乎全部依賴日本，這才是臺灣鴉片得以繼續存在的真正原因。

另外，關稅的一部分，必須以舊的稅率為標準，與外商協定臺灣特有的稅則。當時臺灣對外貿易的單品，主要以茶、砂糖、樟腦及鴉片等為主。1892 年時，其輸出額為 764 萬元，輸入額為 577 萬元，這其中鴉片占輸入總額的

〔註 17〕（日）《海関税協定二関スル意見》，伊藤博文，《秘書類纂臺灣資料》，第 200 頁。

〔註 18〕（日）水野遵，《臺灣行政一斑》，《原敬関係文書》第六卷，第 271 頁。

〔註 19〕（日）《海関税協定二関スル意見》，伊藤博文，《秘書類纂臺灣資料》，第 200 頁。

40%。〔註20〕這些貿易，幾乎都由在臺英商壟斷，故日本接收臺灣後，一直到南部的平定，依舊沿用清朝時期舊的關稅，以避免與在臺英商產生矛盾。

而英國駐日公使早就向日本方面表明，希望不要對鴉片採取嚴禁政策。英國駐日本公使佐藤拜會代理外務大臣西園寺公望時，曾引用「王立阿片調查委員會給英國議會的報告書」內容，委婉地表達了反對嚴禁吸食的立場：「鴉片不像酒精那樣有害，故不勸其禁止。」〔註21〕故如果日本單方面禁止鴉片輸入，勢必引起與英等諸國產生矛盾甚至衝突。

通過以上分析，可以看出總督府現地統治者，最初在鴉片問題上就主張謹慎處理，特別是接收臺灣後的稅關調查，使總督府充分認識到鴉片收入在財政上的意義，其政策的考慮，必然是趨向採取確保財源的鴉片政策。水野遵曾明言「如何處理鴉片問題及茶的稅率，是關係到本島施政經費不可小覷的稅源。」〔註22〕在伊藤博文《臺灣資料》（秘書類纂）中，收錄了沒有署名的《關於輸入鴉片的意見》的建議書，及水野遵的《臺灣阿片處分》，都可證明此推論。

3. 水野遵「輸入禁止稅」漸禁鴉片政策

《關於輸入鴉片的意見》雖然沒有署名，但幾乎全部內容可在水野遵的《臺灣阿片處分》中找到，故筆者推測，此份意見書，可能就是水野遵提交給總督府的鴉片處理意見的立案。「意見書」大意如下：

第一、達到禁止吸食鴉片的方法有二種；一種是輸入禁止令；一種是輸入禁止稅。前者直接過激，後者間接漸禁。禁止令是依據法律，目的是以期開始就使吸煙滅絕，但會引起走私相同需要數量的鴉片；禁止稅是依照法律以外的商價，以高價獲得生存必須的鴉片，使吸煙的範圍縮小，以期達到最終禁止。這二種方法只是進度不同，但目的大同小異，美國實施禁止稅的結果，使吸煙範圍縮小，日本橫濱、神戶兩港禁止令的結果，是吸煙被滅絕，但禁止令必須是在中國人不占主流的

〔註20〕（日）山田豪一，《臺灣阿片專売一年目の成績》《社會科學研究》第42卷第1號，早稻田大學社旗科學研究所，1996年7月30日，第142頁。

〔註21〕（日）長岡祥三訳，《アーネスト・サトウ公使日記1》，新人物往來社，1989年，第49頁。

〔註22〕（日）水野遵，《臺灣行政一斑》，《原敬関係文書》第六卷，第268頁。

土地上才會取得效果。

第二、禁止令是為擺脫惡習將必要分量的鴉片也停止，逼迫其一舉將幾十年的習慣改除，這在將來施政上恐造成民亂；禁止稅是一種形式上的變通，給予良民戒除的時間與機會，吸食者不覺得痛苦。

第三、如果仿傚美國現行制度，一英鎊徵收 10 美元的禁止輸入稅，臺灣一斤可徵收 20 元的禁止稅，以 1893 年輸入 468,500 斤為例，其稅金可收益 937 萬元，況且輸入的數量遠不止生存所必須的數量，這樣即可得到巨額稅金，也可以用稅金來勸導達到禁止稅的目的，而禁止令沒有這個功能。

第四、鴉片輸入禁止稅的方案，是誘導臺灣人民進入率土之濱王化之門，漸次擺脫惡習，成為身心健康良民的唯一良方。今後至少需要二年左右的時間來熟悉本島的民情，進行必要準備，在時機成熟之時，再發布禁止令也不遲。〔註 23〕

這份鴉片政策的最初立案，以禁止令與禁止稅兩種方式來討論，但主張採取禁止稅方式。這雖與 11 月份赴東京時的方案有所差異，但實際內容基本相同。

11 月時提交的議案，是總督府即決的「暫時採取漸禁政策」〔註 24〕後的提案。也許是水野遵在前案的基礎上，又徵集了總督府民政局人員的意見而形成，故其應當代表臺灣總督府的立場，其具體歸納為以下六點：

一、以 1897 年 5 月 8 日臺灣住民決定去留之日為期，嚴禁鴉片；

二、將此後七年定為嚴禁的期限；

三、藉課徵禁止性重稅，以達嚴禁之目的；

四、逐次遞減輸入斤量，以達嚴禁之目的；

五、給予特定商人鴉片專賣特許，並向總督府繳納特許金，以期達到漸禁之目的；

六、使鴉片成為總督府之專賣，來決行漸禁。〔註 25〕

〔註 23〕（日）《輸入阿片始末二関する意見》，伊藤博文，《秘書類纂臺灣資料》，第 196～199 頁。

〔註 24〕（日）水野遵，《臺灣阿片處分》，第 22 頁。

〔註 25〕（日）鶴見祐輔，《後藤新平》第一卷，後藤新平伯伝編委會，昭和十二年，第 876 頁。

議案雖有六條，但水野遵為代表的臺灣總督府，已經決定暫時採取第五、六項之「漸禁政策」。水野遵在《臺灣阿片處分》中的解釋為：「如第一項和第二項，設定禁止鴉片之期限，毫無道理地設定自即日起二年或七年間等，終究是延後處分鴉片之時限，豈可得到實際的禁煙之效果？第三及第四之方法雖看似可行，但以當時之警力及兵力，能否防遏走私成為問題。如果不能防止走私，則此法依舊達不到禁止之目的。第五項為英殖民地所施之法，政府如果採取英國之策略，則其手續亦十分簡便，政府可收取多額稅金，且可防止走私。第六項為達成禁止目的最適當之法，除此以外別無良策。」〔註26〕

通過水野對「六點提案」的解釋，顯示其本人及總督府方面，認為臺灣的鴉片政策，最好是採取「政府專賣的漸禁政策」，且總督府內部決定「大致上暫採第六案，暫時實施漸禁政策」〔註27〕。非常值得注意的是，劉明修的專著《臺灣統治與鴉片問題》，並沒有闡明當時總督府已經決定暫時採取政府專賣的漸禁政策，特別是在引用這「六項」〔註28〕時，不知是否有意為之，將第五點中之「以期達到漸禁之目的」，及第六點中的「以決行漸禁」之非常重要內容遺漏掉，筆者不敢冒然推測其用意，但覺得非常遺憾。

水野的提案是以關稅為主旨的「政府專賣漸禁政策」，存在著很大的缺欠。這個意見是建立在臺灣復歸民政後，日本與各國實行的現行條約，即茶與砂糖等的關稅不變的基礎上，而在條約上將鴉片輸入款項除外，同時將鴉片關稅大幅度提高，使臺灣的鴉片的關稅成為例外。如果要實施這個提案，就必然涉及到修約問題，這對日本政府來說，不能不說是一個困難。因為日本剛剛在 1894 年 7 月 16 日簽訂了《日英通商航海條約》，廢除了領事裁判權，恢復了關稅自主。這個條約將在五年後的 1899 年 7 月開始實施，故在這之前是不可能再進行條約修訂交涉的。

另外，以關稅為主旨的鴉片專賣政策，是以國家機器來限止關稅，從而達到控制鴉片輸入的數量，最終達到漸禁之目的，對鴉片吸食者只有增加附加的鴉片稅，在吸食量等方面，沒有任何的約束，這意味著只要吸食者有能

〔註26〕（日）水野遵，《臺灣阿片處分》，明治三十一年，第 24 頁。
〔註27〕（日）鶴見祐輔，《後藤新平》第一卷，第 877 頁。
〔註28〕劉明修著，李明峻譯，《臺灣統治與鴉片問題》，前衛出版社，2008 年，第 59～60 頁。

力購買鴉片，就可終生繼續吸食。這也是中水野提案中一個致命傷。

1895 年 11 月，水野遵帶此提案赴東京臺灣事務局，以求得到支持與允許。但「為了彌補財政收入的欠損，就允許癮者吸食鴉片的話，世論面前無法交待，因此水野就以如果現在禁止輸入，吸食者就會馬上發病。」〔註 29〕為由，闡述了自己的臺灣鴉片政策。

水野所主張的臺灣鴉片「政府專賣漸禁政策」，不僅在臺灣事務局會議上，在日本帝國議會上也受到強烈的反對。「漸禁說無異懷冰投火般處於水深火熱中」，甚至被批評「貽害國家百年者，非君莫是。」〔註 30〕但水野遵並沒有屈服，反覆向臺灣事務局總裁伊藤博文稟申：「在臺灣是絕對難以實施斷禁的。因此，若無穩健的對應之策，臺灣的統治將陷入因境。」〔註 31〕甚至提出：「若政府猶以絕對嚴禁土民吸食鴉片為施政方針，則必生事端，於此情節下無法執行職務，只好請求准予辭任。」〔註 32〕

水野不惜以辭職來反對斷禁鴉片的做法，迫使伊藤不得不重新考慮臺灣的鴉片政策。他要求臺灣事務局各委員〔註 33〕重新考慮此事。正在伊藤為難之時，「進退維谷的臺灣事務局卻得到了救命的稻草，在 12 月 14 日，收到從內務省發來的後藤新平衛生局長的奇策。」〔註 34〕即是「關於臺灣島鴉片制度之意見」〔註 35〕。

二、後藤新平與「漸禁政策」的確立

當時，雖然臺灣事務局各委員反對水野的「政府專賣漸禁政策」，但時為衛生局長的後藤新平是贊同水野遵意見的。後藤新平在內務省食堂與各位高官聊天時，多次表達：「斷禁之論非常淺見，最好的辦法就是吸食的鴉片由政

〔註 29〕（日）山田豪一，《臺灣阿片專売一年目の成績》，第 142 頁。

〔註 30〕（日）水野遵，《臺灣阿片處分》，第 29 頁。

〔註 31〕（日）鶴見祐輔，《後藤新平》第一卷，第 879 頁。

〔註 32〕（日）宿利重一，《児玉源太郎》，國際日本協會，昭和十八年，第 324 頁。

〔註 33〕當時臺灣事務局的委員為：「治民部委員：末松謙澄；財務部委員：田尻稻次郎；外務部委員：原敬；軍事部委員：兒玉源太郎、山本權兵衛；交通部委員：田健治郎；總務部委員：伊東巳代治。」參見：《臺灣事務局各部委員氏名通知付事務局経費支出請求計算書》，《原敬関係文書》第六卷，第 212 頁。

〔註 34〕（日）山田豪一，《臺灣阿片專売一年目の成績》，第 145 頁。

〔註 35〕（日）《臺灣島阿片制度ニ関スル件》，JACAR：A04010019600。

府來製造、專賣，將其收入充當衛生事業設施的資金。」〔註 36〕但後藤新平並沒有把自己的意見向上提交，這主要是因為當時的內相芳川顯正，曾因「相馬事件」與後藤之間有隔閡，故後藤採取先在內務省高官中表達，以「犬吠聞聲」的方式來尋求響應。〔註 37〕

當水野遵的「漸禁案」倍受日本各界質疑之時，某天芳川將後藤新平叫到自己的辦公室，說：「最近聽你屢在食堂議論臺灣鴉片政策，能否將意見提出書面報告。」〔註 38〕這樣，被稱為「暗夜中一盞明燈」〔註 39〕的後藤新平臺灣鴉片「意見書」，便堂而皇之地登上了歷史的舞臺。而促成後藤提出「意見書」的，是當時的內相芳川顯正，此點在《後藤新平傳》中有詳細的敘述，由於後藤與芳川間的隔閡，後藤才採取了「遠吠之犬」的做法。〔註 40〕但劉明修在《臺灣統治與鴉片問題》中，卻將「芳川顯正」說成是「野村靖」〔註 41〕，不知道為何？

後藤新平的「意見書」，開篇即言，鴉片煙對人體之害，自不贅言。日本能雄居於宇內之一要因，即於開國之初，早布禁制，令臣民得保全其健康，且此種禁制，至少曾有效防止彼等昧於商利擬蹂躪國民健康之企圖，亦使日本帝國在遠東為唯一勢力。

在後藤看來，對鴉片實施嚴禁，是日本強大的重要原因。故他批評清政府說：「令其國民陷入劣敗之原因，固不僅在鴉片之吸食，惟國法無力加以禁止，焉能不論其為令國民懶惰之一因？」〔註 42〕「如今臺灣將成為我新領之土，如對此勢力有所減損，豈非千載之遺憾？」〔註 43〕

如從後藤上述言論上看，在日本的新領土臺灣，嚴禁政策是必然的。這一方面是由於日本自開國以來的鴉片政策，另外也是顧及到今後日本的內地，「據傳彌近軍役人夫等之間，不顧我國禁之嚴，私下試吸者，亦已日見增加，若一旦成為習癖，於不知不覺之間，將蔓延至日本內地，屆時惟恐其

〔註 36〕（日）鶴見祐輔，《後藤新平》第一卷，第 878 頁。
〔註 37〕（日）鶴見祐輔，《後藤新平》第一卷，第 878～879 頁。
〔註 38〕（日）鶴見祐輔，《後藤新平》第一卷，第 879 頁。
〔註 39〕（日）鶴見祐輔，《後藤新平》第一卷，第 878 頁。
〔註 40〕（日）鶴見祐輔，《後藤新平》第一卷，第 879 頁。
〔註 41〕劉明修著，李明峻譯，《臺灣統治與鴉片問題》，第 62 頁。
〔註 42〕（日）《臺灣島阿片制度ニ関スル件》，JACAR：A04010019600。
〔註 43〕（日）《臺灣島阿片制度ニ関スル件》，JACAR：A04010019600。

弊害終將不可自拔。故研訂其嚴禁之法，自屬當前之爭務也。」〔註 44〕

一般的研究都認為後藤並列陳述了「嚴禁論」與「漸禁論」二案，但資料顯示所謂的「嚴禁論」，只是說「此等弊害，為世人所周知，不容置疑，且嚴禁鴉片煙，則莫以此時為最宜，自不待言。此乃關於嚴禁鴉片煙之卑見之第一案也。」〔註 45〕緊接著就非常具體地敘述了八條反對嚴禁之異議者的意見：

一、縱未禁止鴉片，並非即將導致人人吸嘗鴉片，以清國並非人人吸煙為證。

二、在清國，富豪、強健者、勤勉者，亦不乏其人，故不必為防止國民之懶惰、疲憊，而禁止吸食鴉片。

三、鴉片並非僅試吸一次，就能上癮成為習癖，起初反應不覺愉快，致自動放棄者，不乏其人。

四、清國人本身，提倡鴉片煙之弊害者，亦為數不少，凡略受教育者，均力行禁制，故任其自然，亦不致為害。

五、如臺灣土民已染吸食之癮者，若立行嚴禁，則不僅對健康有大害，且有生命之危險。

六、據土民老輩者自稱：鴉片煙之有害，實知之甚詳，夙願我子孫均應免除此惡習，成為健康之民。

七、故對臺灣土民，嚴禁其吸食鴉片，將遇民情之極力反對，不僅有妨對帝國之心服，也將導致土匪之蜂起，故若要執行嚴禁，則非經常駐派二個師團以上之兵力，並犧牲數千之生命，甚至以兵力威壓，仍未必能達其目的。

八、為推行一鴉片制度，竟需眾多之兵務與巨額經費，並需犧牲生命，更需連年危害島民之和平，則自擴領土謀殖民之觀點上言，殊非得宜之策也。〔註 46〕

但後藤卻技巧地對反對者提出「暫緩實施不加過問」的觀點，進行了強烈的批判：「臺灣新附之領土，對其土民之惡習，欲遂加以禁止，縱有如前論

〔註 44〕（日）《臺灣島阿片制度ニ関スル件》，JACAR：A04010019600。

〔註 45〕（日）《臺灣島阿片制度ニ関スル件》，JACAR：A04010019600。

〔註 46〕（日）《臺灣島阿片制度ニ関スル件》，JACAR：A04010019600。

者所言，有其礙難之處，如採用姑息之威信，頗令人堪憂。」〔註 47〕

後藤還有意提到馬關談判時，伊藤博文的鴉片嚴禁之議，並言：「此言果可信，憑我國在東洋之威信，禁制手段，更不可等閒視之。」〔註 48〕此種說法從表面上看，顯示後藤新平是堅決反對那些「暫緩實施不加過問」的異議者，且重提伊藤之「斷禁說」，給首相之言一個正面回應，來表明自己傾向主張嚴禁政策。

狡黠的伊藤又以假借他人之口的伎倆，婉約地批評了「嚴禁」與「放任」兩說，「復有議者曰：鴉片煙之不可不禁，自不待言，惟於今日，要以加急施，似甚有不妥。目前暫時付之不問，俟人心趨穩，亦不為遲。此言乃巧言誤事，即強辯弱行之輩，所常為之。」〔註 49〕

後藤以「批判的利器」，為闡述自己的想法鋪開了道路。後藤認為「合於時宜之禁止制度」應是：

一、鴉片，可仿國內現行制度，統歸政府專賣，不准自由貿易買賣，故可納入衛生警察施行體系，在樹立政府威信上，亦可搶先一步。

二、鴉片買賣，將仿傚國內現行制度，於臺灣島內設置鴉片特許藥鋪，除藥用鴉片之外，不准買賣。

三、有吸食鴉片不能戒除之癖者，係已罹患中毒症者，則唯有以毒攻毒，故依醫師之診斷，唯允中毒者，每年定期，由政府發給一定之通折，憑折隨時向鴉片特許藥鋪，購買吸食。若無醫師之地方，可由所轄警察署或鄉村公所，出據保證，交予通折，憑以購買，依實際設定適宜之方法，及不全之處置，並防可能產生之弊害，令其逐漸改習。

四、據說鴉片進口稅年逾八十萬元，可見其需用量之巨，惟將其歸為政府專賣，寓禁止稅之意，加課比進口稅多三倍之價，在特許藥鋪，憑政府發放之通折，售予其吸食者，則其需用者，必因之逐漸減少，且可有遏止青年子弟陷入此惡習之效，國庫並將增加一百六十萬元之收入。

〔註 47〕（日）《臺灣島阿片制度ニ関スル件》，JACAR：A04010019600。
〔註 48〕（日）《臺灣島阿片制度ニ関スル件》，JACAR：A04010019600。
〔註 49〕（日）《臺灣島阿片制度ニ関スル件》，JACAR：A04010019600。

五、此一百六十萬元與向來之進口稅八十萬元合計時，將達二百四十萬元。如將此費用充用臺灣地方之殖民衛生之費，依所謂生存競爭之原理，實踐了以毒攻毒之自然法則，將危害健康之禍源，改為增加國民福祉之手段。

六、至於青年兒童，當前急務應從教育上著手，令其瞭解吸食鴉片之害，故應在各小學課本上、在教學上力求灌輸此種精神。設有小學之各村落，應從該二百四十萬元中，配置適當之村醫，如在未開化時期之村落，令村醫分擔小學教員之權宜，此辦法亦屬可行。

七、從殖民衛生上言，於各縣之下設置醫院或村醫，行急救之功德，為令人民體會厚德之良方，故醫院之設置，極其需要，何況有其財源。〔註50〕

後來研究者所謂的「漸禁論」，實際上後藤自己是冠以「適宜之禁止制」的。後藤一再強調「嚴禁」窒礙難行，稱如果臺民「鴉片之驟然遭禁，生存之快事亦全般喪失矣，與其置餘生於長久痛苦中，不若即刻速死為快。」〔註51〕認為「如果嚴禁臺灣島民吸食鴉片，將遭民情極大反抗，有礙其心服帝國之統治，終將導致土匪蜂起。是以，若欲嚴禁之，須常駐兩個師團的兵力，犧牲數千之性命，否則即便藉兵力施以威壓，亦不能達到其目的。」〔註52〕

從後藤對「嚴禁」的論述來看，其本人認為嚴禁固然為一種禁止鴉片的方法，但吸食者餘生痛苦，有失人道。這與水野遵的說法顯然是相互呼應的，但後藤將實施嚴禁的困難描述為「常駐兩個師團，犧牲數千人性命，亦不能達到其目的」，來說明嚴禁政策將會給日本政府帶來沉重的代價。這不僅聲援了水野遵的說法，也明確地向那些主張嚴禁論的人士表達，在臺灣根本無法實施嚴禁政策，更為其「適宜之禁止制」的論證奠定了基礎。

後藤的臺灣鴉片政策，是以「衛生警察體系」為中心的「禁止制度」。它以「禁止」之名，掩飾了其「漸禁」的目的。特別是它仿傚了日本國內即行鴉片制度，故不與國內相關法律相背逆。這種「最適宜的禁止制度」，即圓了伊藤博文的斷禁說，更超越了「水野提案」中所謂七年的期限。特別是

〔註50〕（日）《臺灣島阿片制度ニ関スル件》，JACAR：A04010019600。
〔註51〕（日）《臺灣島阿片制度ニ関スル件》，JACAR：A04010019600。
〔註52〕（日）《臺灣島阿片制度ニ関スル件》，JACAR：A04010019600。

將鴉片專賣的實施，歸屬「衛生警察體系」，即可以避免單純以進口稅形式帶來的諸多不便，還解決了未將吸食者進行管制的窘境，更使得鴉片的巨額財政收入得以堂而皇之收入囊中。後藤提案的妙處還在於，本質上就是「漸禁政策」，但卻冠以「禁止制度」，故與水野遵所名言的關稅為中心的「政府專賣的漸禁政策」相比，更加圓滑，也容易被接受。此提案也讓人窺見後藤在政治上的韜略，這為其以後在臺灣殖民地統治上的建樹奠定了基礎，故《後藤新平》傳評價說：「造就（先生）自內務行政轉進統治臺灣殖民行政之機緣，成為使先生身列日本殖民政治家首位之要因。」〔註 53〕

至於後藤的提案與水野遵的具體關係，目前沒有資料證明兩人有直接的接觸。但後藤的漸禁政策及提案，是水野在臺灣事務局及議會上受到強烈質疑與批判之後，故間接影響一定是有的。另外，從「星崗茶僚」，由水野遵、後藤新平、軍醫總監石黑忠真及醫學界的數人，為加藤尚志赴任臺灣總督府製藥所所長舉行的歡送會來看，他們「鴉片」理念相同，相互通氣是不言而喻的。這也是理解石黑支持後藤見解的一個視角。

在後藤新平提出意見書兩天後，12 月 16 日，石黑忠真，亦向臺灣事務局提交了「新領地臺灣之鴉片意見」〔註 54〕，以聲援後藤的提案。

石黑忠真在文章強調，自己雖是鴉片嚴禁說的篤信者，但由於臺灣情況特殊，萬一嚴禁法不能實行之時，得頒布「鴉片專賣法」，特別是要制定「鴉片煙取締管理法」；另外，官方應設置鴉片製造所，以嚴明鴉片原料的出處；同時讓可依賴的醫師，對鴉片吸食者進行調查，對於那些癮者給予鴉片吸食特別牌照，由鴉片批發所進行批售，由零售店賣給這些特許吸食者。另外，要設置鴉片警察，專門執司鴉片相關警察事項，包括管理吸食鴉片者、非吸煙者、鴉片批發及零售店、鴉片的輸入、鴉片的密造等。〔註 55〕

石黑忠真在「意見」書中，還將自己的相關鴉片政策，解釋成為如果嚴禁不能實施，不得已才實施的政策。他也強調這種政策性的鴉片專賣制度，不需要政府的財政補貼，以三百萬元的鴉片稅即可解決，時間長度大約為三十年。〔註 56〕

〔註 53〕（日）鶴見祐輔，《後藤新平》第一卷，第 872 頁。

〔註 54〕（日）石黑忠真，《新領地臺灣における阿片意見》，伊藤博文，《秘書類纂臺灣資料》，原書房，昭和 45 年，第 62～67 頁。

〔註 55〕（日）石黑忠真，《新領地臺灣における阿片意見》，第 64～65 頁。

〔註 56〕（日）石黑忠真，《新領地臺灣における阿片意見》，第 65 頁。

石黑忠真的「意見」與後藤相比，並沒有什麼新意，但他以日本軍醫界實際負責人的身份，闡述了在臺灣嚴禁可能行不通，必須實施鴉片專賣政策。這從不同的側面，聲援了後藤新平。從《後藤新平》傳中，可以看出石黑與後藤兩個人，早在「相馬事件」及「檢疫」中就已經成為人生至交，故筆者推測，石黑的聲援決不是單純的，也許其後有後藤的影子。

另外劉明修在《臺灣統治與鴉片問題》中，將後藤新平的提案，說成是以當時著名的「鴉片事項調查書」為憑據，筆者認為這也值得商榷。〔註 57〕因為鷹崎偵三提交「調查書」的具體日期，為 1896 年 8 月 5 日〔註 58〕，遠遠晚於後藤的提案達八個月之久。即使是後藤提出具體的「關於臺灣島施行鴉片制度意見書」，其提交的日期是在 1896 年 3 月 23 日〔註 59〕，亦早於「調查書」五個月。筆者認為，根據水野遵在《臺灣阿片處分》的記載，內務省衛生局加藤尚志曾向水野遵提出嚴禁鴉片的意見書「阿片之事」，其中曾提出將「藥用鴉片與日本一樣，由政府專賣。」〔註 60〕的主張，故推測也許後藤的鴉片專賣思想，是受其影響也未可知。

1896 年 2 月 3 日，伊藤博文將後藤新平的「意見」書，送達到日本內閣，12 日，內閣決定採用後藤提出的「第二案」。〔註 61〕15 日，伊藤正式通知樺山資紀，在臺灣全島實施鴉片「漸禁政策」。〔註 62〕其後，後藤在 3 月 23 日又提出「關於臺灣島施行鴉片制度意見書」〔註 63〕，將臺灣鴉片實施的具體意見提出。該意見書分為前文、鴉片行政機關、鴉片警察施行方法、鴉片財政、附言五個部分，就鴉片相關官制、定額的配置、鴉片收入的用途、告喻的大意、特許吸食者的許可及許可簿樣本等，進行了詳細的說明，為臺灣鴉片制度的實施奠定了基礎。

1897 年 1 月 21 日，總督府以律令第二號發布「臺灣阿片令」，4 月 1 日，漸次在臺灣全島實施。這樣，自馬關條約以來的臺灣鴉片「斷禁」與「漸禁」的爭論，終於塵埃落定。

〔註 57〕劉明修著，李明峻譯，《臺灣統治與鴉片問題》，第 49、50、62 頁。
〔註 58〕《日據初期之鴉片政策》第一冊，臺灣省文獻委員會，1978 年，第 48～172 頁。
〔註 59〕《日據初期之鴉片政策》第一冊，第 20 頁。
〔註 60〕（日）水野遵，《臺灣阿片處分》，第 13 頁。
〔註 61〕（日）《臺灣島阿片制度ニ関スル件》，JACAR：A04010019600。
〔註 62〕（日）《臺灣阿片行政施行狀況明治 29～40 年》，JACAR：A06032550800。
〔註 63〕（日）鶴見祐輔，《後藤新平》第一卷，第 886～894 頁。

另外，後藤意見書第一項「鴉片行政機關」中，曾言「並非定要附設製藥所不可。據聞設製藥所已成定案，茲不再贅言。」〔註 64〕據此，筆者推斷，總督府儘管在鴉片問題上遇到各種困難，但採取「漸禁政策」之意，從來沒有動搖過，故早就著手進行鴉片煙的生產系統準備。而《臺灣總督府製藥所第一年報》中也證明，實際早在 1896 年 2 月 12 日時，總督府就已經命令其雇員就鴉片製造所費用預算等進行調查。〔註 65〕這些資料顯示，在日本內閣接受後藤建議之前，臺灣總督府就已經著手實施「漸禁政策」。這也再次證明臺灣總督府在制定臺灣鴉片制度中的作用。

三、最後防線的突破——臺灣財政預算的通過

1897 年 1 月 21 日頒布的「阿片令」，是臺灣鴉片制度實施的法源，它是以律令的方式發布。而該律令的法源則是《有關應施行於臺灣法令之法律》（俗稱「六三法」）〔註 66〕。由於「六三法」最大的特點就是委任立法，即依照其構建的律令立法制度，立法機構可以是臺灣總督，在臺灣這塊區域內，可以自行制定法律並督促執行，不受日本帝國議會的牽制。這也就是說，臺灣總督府以律令方式制定的鴉片相關政策，不需要受日本帝國議會的審議。這使得臺灣的鴉片政策，在日本的反對聲浪中得以確立。但這並不意味著在日本國內諸行政機構、機關沒有能力阻止其實施。1896 年臺灣由軍政轉到民政後，日本的會計法實施於臺灣，使臺灣的財政亦需依照程序，將預算與決算交付帝國議會協贊審議。〔註 67〕如果總督府向帝國議會提出的鴉片相關預案遭到議會否決的話，那麼總督府的鴉片政策將胎死於腹中。但後藤新平的

〔註 64〕（日）鶴見祐輔，《後藤新平》第一卷，第 887 頁。

〔註 65〕（日）臺灣総督府制薬所，《臺灣総督府制薬所第一年報》，明治 31 年，第 4 頁。

〔註 66〕第一條：臺灣總督得發布在其管轄區域內具有法律效力之命令。第二條：前條之命令須取得臺灣總督府評議會之議決，經拓殖務大臣提請敕裁。臺灣總督府評議會之組織以敕令定之。第三條：於臨時緊急狀況下，臺灣總督得不經前條第一項之程序，而逕為發布第一條之命令。第四條：依前條所發布之命令，須於發布後立即提請敕裁，並向臺灣總督府評議會報告。不獲敕裁核可時，總督須立刻公布該命令於將來不具效力。第五條：現行法律或將來發布之法律，其全部或一部分須於臺灣施行者，以敕令定之。第六條：此法律有效期為三年。參加：《臺灣ニ施行スヘキ法令ニ関スル件ヲ定ム》，JACAR：A01200843100。

〔註 67〕（日）《御署名原本・明治二十九年・勅令第百六十七號・會計法ヲ臺灣ニ施行ス》，JACAR：A03020240799。

臺灣鴉片相關提案，實際上「相當受財政當局所歡迎」。〔註 68〕

當時財政部主計局預算決算課長阪谷芳郎，曾在帝國議會上回憶說，「我在領臺之初，就與今內務大臣後藤男爵及其他人商量過，贊成漸禁主義。」〔註 69〕阪谷作為負責日本政府預決算編成責任者，當然清楚地知道鴉片收入對總督府財政的意義。而 1896 年日本財政部關於臺灣部分的「收入預算案」，就是阪谷根據清朝時期鴉片的舊稅關統計做成的。下表為 1896 年臺灣各項收入預算：

科　目	預算金額（日元）	科　目	預算金額（日元）
鴉片批發收入	3,557,827.000	稅關雜收入	22,088.000
地租	879,086.997	官有物批發收入	20,000.000
郵政電信收入	520,173.350	船稅	20,000.000
樟腦稅	395,470.000	官吏遺族扶助法納金	10,028.340
輸入稅	380,595.951	車稅	5,000.000
製茶稅	208,750.000	官有地出租料	5,000.000
輸出稅	141,512.765	制藍稅	4,500.000
製糖稅	126,245.000	懲罰及沒收金	2,000.000
制船費納金	100,283.400	辨償金	600.000
登記稅	100,000.000	諸特許及手續費	500.000
官有地小作料	70,000.000	雜入	300.000
醫院收入	59,275.000	總計	6,682,236.603
砂金監札料	50,000.000		

*此表根據 JACAR：A06031501500《臺灣總督府統計書第 1 回明治 30 年》整理而成。

從上表分析來看，日本預計 1896 年臺灣的收入總額為 6,682,236.603 日元，其中鴉片的收入就 3,557,827.000 日元，占 52%強。而阪谷的這個預算案，是根據臺灣清政府時期鴉片關稅的一半來統計的，且是在鴉片購入價格高漲以前的價格，即一斤 6 元左右作為基準來計算的，鴉片的購入量為 27～28 萬斤，購買費用小計 166 萬元，如果每斤以 13 元賣出的話，鴉片批發

〔註 68〕（日）山田豪一，《臺灣阿片專売一年目の成績》，第 146 頁。

〔註 69〕（日）《第 40 回帝國議會・貴族院議事錄・大正 6.12.27～7.3.26》，JACAR：A07050016700。

即可獲得 3,557,000 元。〔註 70〕儘管阪谷對鴉片專賣預算的方法過於簡單，致使財政省及加藤尚志在預算在審議之前都非常恐慌。〔註 71〕

而板谷所編列的日本財政省有關臺灣諸費用的財政支出，主要有兩大項。第一項為臺灣諸費，總計 6,031,000.000 日元，其中包括民政費、稅關費、通信費、製藥所費、機密費等；另外還有臺灣事業費 4,697,000.000 日元。這樣財政省在 1896 年總計在臺灣經營上將出資 10,729,000.000 日元。〔註 72〕

比照當年日本財政省關於臺灣的財政支出，即可看出，即使是此種計算方式，日本依然需要補助臺灣 4,000,000.000 日元左右。該年度日本補助臺灣的財政中，有 1,854,000.000 元是用於製藥所費用的，也就是用於鴉片的研發及生產。

日本預算委員會，就臺灣財政歲出入的政府說明有二點，其中之一就是如何對付在野黨的「斷禁論」；其二就是給予重要的鴉片專賣預算追加說明，並強調占臺灣歲入過半的專賣預算，現在已經不能更改。〔註 73〕

在 3 月 16 日眾議院預算委員會總會的答辯會上，在野進步黨的江藤新作首先登壇反對臺灣預算案中的製藥所費用，另外，中村祐八、尾崎行雄等人，也主張將製藥所的費用全額刪除。

江藤認為：「此項製藥所費用應全額刪除，原因並不在於製藥所費用本身，而是它所帶來的影響，及相關事項非常重大。依此項目費來看，政府以日本國法嚴禁的鴉片，加上一些限制，即將臺灣吸食的政策確定。這個問題如何決定，是關係到鴉片是在日本國的一部分，開始公開許可的大問題，所以決不能小看這一問題。」〔註 74〕

另外，江藤認為鴉片的政策，關係到日本的臺灣經營戰略。他一針見血地質問：「以今天政府的所為來看，在臺灣販賣鴉片，並以販賣鴉片所得的

〔註 70〕（日）《第 9 回帝國議會·貴族院議事錄·明治 28.12.28～29.3.28》，JACAR：A07050004100。

〔註 71〕（日）山田豪一，《臺灣阿片專売一年目の成績》，第 155 頁。

〔註 72〕（日）《大日本帝國議會志》第三卷，大日本帝國議會志刊行會、昭和 2 年，第 1378 頁。

〔註 73〕（日）山田豪一，《臺灣阿片專売一年目の成績》，第 155 頁。

〔註 74〕（日）《第 9 回帝國議會·眾議院議事錄·明治 28.12.28～明治 29.3.28》，JACAR：A07050004300。

三百幾十萬元作為收入的考慮，是將臺灣作為日本營利的土地，來謀取利益。」〔註 75〕。

水野遵則剛愎自用頑固地堅持「斷禁就死人」的說法，言辭強烈地反駁說：「如果廢止鴉片，就會死人，吸食一定的鴉片，能保全人的生命。」「如果實施嚴禁，就是不關照臺灣總督府。」〔註 76〕

江藤甚至提出：「如果嚴禁就會死人，那就讓他們死了算了，不然就讓他們返回支那中國，像這樣的人早死也沒有什麼不好，若因此而返回支那，我看倒是件好事情。」〔註 77〕

水野遵用：「諸君說的雖然好聽，但用什麼樣的方法來嚴禁呢？我們當事者是最苦的，就是不想要痛苦了，才提出這樣的預算案來，因此鴉片的事情就不要再講了。」〔註 78〕這樣水野遵輕鬆地就讓對方無話可說。

由於有比鴉片更重要的議題需要審議，鴉片問題就此被帶過。這樣能夠左右阻止臺灣鴉片政策的最後一道防線也被突破。

值得注意的是，1896 年被帝國議會審議通過的臺灣歲入為 6,682,236.603 元、歲出 10,825,701.005 元。歲入預算中，鴉片專賣收入高達 3,557,827.000 元。但由於鴉片專賣制度延遲實施，使鴉片收入基本落空。結果該年度的實際歲入僅有 2,711，822.663 元，而當年實際歲出是 10,696，868.678 元。〔註 79〕這樣日本中央政府當年補助臺灣金額高達 694 多萬元。〔註 80〕

臺灣的補貼費用，加重了日本中央政府的財政負擔。特別是 1896 年前後，由於擴張陸海空軍、設立鋼鐵廠等，使日本歲出膨脹顯著。該年度日本中央財政結算出現了 9,260 多萬元的缺額。日本政府為了減輕財政壓力，緊

〔註 75〕（日）《第 9 回帝國議會・眾議院議事錄・明治 28.12.28～明治 29.3.28》，JACAR：A07050004300。

〔註 76〕（日）《第 9 回帝國議會・眾議院議事錄・明治 28.12.28～明治 29.3.28》，JACAR：A07050004300。

〔註 77〕（日）《第 9 回帝國議會・眾議院議事錄・明治 28.12.28～明治 29.3.28》，JACAR：A07050004300。

〔註 78〕（日）《第 9 回帝國議會・眾議院議事錄・明治 28.12.28～明治 29.3.28》，JACAR：A07050004300。

〔註 79〕（日）《臺灣総督府統計書第 1 回明治 30 年》，JACAR：A06031501500。

〔註 80〕（日）大蔵省，《明治大正財政史》第 19 卷，財政經濟學會，昭和 15 年，第 917 頁。

急出臺了「臺灣總督府特別會計法案」〔註 81〕，法案除了規定臺灣財政獨立之外，還授予臺灣總督財政權，以促成臺灣財政的獨立。也正是這個法案，使臺灣的歲出入預算可以不再受日本帝國議會的審議，鴉片相關提案的最後一道防線這就這樣崩裂了。

儘管這樣，由於初期各地反抗不斷。總督府的統治遇到了重重困難，內部官界所謂「疑獄事件」頻繁發生，引發的「高野孟矩法院長非職事件」，又導致了「日本帝國憲法是否適用於臺灣」的爭議。〔註 82〕這致使時任總督乃木心裏產生了抱怨，覺得日本佔領臺灣，「就像一位叫化子討到一匹馬，既不會騎，又會被馬踢」〔註 83〕，實在是塊燙手的山芋，於是他產生了將臺灣出賣的想法。1897 年春，乃木利用回國之機，向當時的日本首相松方正義及軍政界要人建議將臺灣賣給英國，這樣既可甩掉這個包袱，又可獲得鉅資。但當時英國佔領的殖民地很多，對購買臺灣不感興趣，而法國人卻有此意向，雙方經過討價還價，初步確定臺灣的售價為 1,500 萬法郎。

1898 年，伊藤博文重新成為日本首相，乃木重提臺灣出賣之事，陸軍大臣兒玉源太郎堅決反對，認為臺灣係日本南部的屏障，軍事價值甚大，如果將臺灣賣給他國，不利於日本的遠期發展。至於乃木提到的臺灣治理問題，

〔註 81〕（日）《御署名原本．明治三十年．法律第二號．臺灣総督府特別會計法》，JACAR：A03020269300。

〔註 82〕日本佔領臺灣之初的總督府官吏非常腐敗，瀆職事件即官界的「大疑獄事件」頻繁發生。大的疑獄事件就有第一次疑獄事件、第二次疑獄事件、第三次疑獄事件和鳳山縣疑獄事件等。當時臺灣的法院實施高等法院、覆審法院和地方法院三審級制度，高野孟矩時任高等法院的院長。他毫不留情地把臺灣官界裏的貪官一一揭發出來，使包括敕任官在內的十幾名高官被逮捕，致使民政局長水野遵被免職。高野被召入京，松方首相勸其辭職。高野拒絕了勸告而被處分「非職」。高野以日本憲法第五十八條第二項規定司法官的升遷進退都有明文保障為由，認為「非職」處分為不當之舉，把「非職」辭令書退回，並回到臺灣向乃木提交了歸任書。乃木卻以「足下乃是非職處分者，毋需再服勤務」為由，將歸任書駁回。高野仍然到法院上班，因此總督府派警察把高野逐出法院，支持高野的臺北地方法院院長山田藤三郎，新竹地方法院院長戶口茂里等，受牽連也被迫辭職，這就是震驚朝野的所謂「高野孟矩事件」。由此事件所顯露出來的法官身份保障問題，導致了有關「在臺灣是否適用日本帝國憲法」的論爭。參見：《疑獄事件の頻発並びに高野法院長非職事件》，《臺灣総督府警察沿革志》（第一編），第 190～203 頁；黃昭堂：《臺灣總督府》，自由時代出版社，1889 年，第 81～82 頁。

〔註 83〕《乃木希典》，http://zh.wikipedia.org/wiki/。

他認為主要是由於管理官員的無能造成的，自己願意前往臺灣。兒玉還表示願與伊藤博文立下了軍令狀，發誓要治理好臺灣。這樣伊藤博文就任命兒玉為第四任臺灣總督，乃木希典被迫於 2 月辭職。〔註 84〕

1898 年 2 月 26 日，兒玉源太郎繼任臺灣總督。他以穩定社會治安，開拓臺灣財源為第一優先政策。他啟用後藤新平任民政局長，主要原因就與後藤提出的鴉片專賣制度有著密切的關聯。〔註 85〕

臺灣的鴉片政策自實施以來，並沒有達到總督府理想的目的。總督府自 1897 年 4 月 1 日起，在各地逐步推行鴉片令，並網羅吸食者，但僅有 95,449 人登記。這與鴉片事項調查書估計的十七萬人差距甚大，也沒有達到製藥所長加藤尚志的十五萬人的估計數量。1897 年 9 月時，加藤的估算為：「本制度迄今實施的區域之人口達五十萬左右，相當全臺灣人口的五分之一，其中吸食鴉片人口約三萬人……若以此比例推算……不出最初預計之十五萬之吸食者。」「若今後吸食者確定為十五萬，則一年三百六十萬元的收益並非難事。」〔註 86〕

雖然加藤的預算收益遠高於後藤的預計，但並沒有真正落實。1897 年臺灣的鴉片煙膏實際收入，僅有 1,539,776.034 元，鴉片的專賣收入，也僅有 1,640,213.276 元。〔註 87〕故兒玉與後藤在 1898 年度預算時，提出「臺灣財政二十年計劃」，推出欲使臺灣財政在 1909 年以後完全獨立自給的計劃。〔註 88〕這個計劃的法源即是「臺灣總督府特別會計法案」。

後藤新平到任後，馬上改善特許手續費的徵收事項，並先後五次延長吸食者登記的期限，最終在 1990 年 9 月底網羅到 169,064 人，終於達到鴉片事項調查書中的十七萬人的數量。但後藤並沒有就此罷手，又先後三次網羅吸食者。下表為後藤新平繼任後四次網羅吸食者統計表：

〔註 84〕《殖民失敗欲甩包袱日本曾陰謀將臺灣賣給英法》，http://news.xinhuanet.com/world/2005-09/09/content_3467271_1.htm。

〔註 85〕（日）鶴見祐輔，《後藤新平》第二卷，第 15～17 頁。

〔註 86〕（日）加藤尚志，《臺灣ニ於ケル阿片》，第 13～14、33 頁，轉引片劉明修著，李明峻譯，《臺灣統治與鴉片問題》，第 95 頁。

〔註 87〕（日）《臺灣総督府統計書第 4 回明治 33 年》，JACAR：A06031501800。

〔註 88〕（日）井出季和太，《臺灣統治志》，臺灣日本新報社，昭和 12 年，第 368～369 頁。

回　數	年　　代	人　　數
第一回	1897 年 4 月～1900 年 9 月	169,064
第二回	1902 年 1 月～1902 年 2 月	5,187
第三回	1904 年 10 月～1905 年 3 月	30,543
第四回	1908 年 1 月～1908 年 3 月	15,863
合　　計		220,657

*此表轉引自劉明修著，李明峻譯，《臺灣統治與鴉片問題》，第 60 頁。

後藤新平繼任後的四次網羅，促使臺灣鴉片專賣制度全面實施起來，也使鴉片收入逐年增加，成為總督府財政的重要支柱。下表為鴉片特許吸食人數、各年製造煙膏的價格、鴉片專賣收入的對比表：

年　限	特許吸食者人數計	各年煙膏價格計	各年鴉片專賣收入計
1897	54,597	1,539,776.034	1,640,213.276
1898	95,449	3,438,834.167	3,467,334.089
1899	130,962	4,222,224.170	4,249,577.595
1900	169,064	4,234,843.005	4,234,979.565
1901	157,619	2,804,141.340	2,804,894.264
1902	143,492	3,008,386.015	3,008,488.015
1903	132,903	3,619,217.020	3,620,335.900
1904	137,952	3,714,211.405	3,714,012.995
1905	130,476	4,206,524.255	4,205,830.595
1906	121,330	4,395,496.505	4,433,862.705
1907	113,165	4,461,485.595	4,468,514.730
1908	119,991	4,614,871.765	4,611,913.620
1909	109,955	4,671,282.035	4,667,399（元）以下同
1910	98,987	4,844,533.755	4,674,343
1911	92,975	5,501,448.595	5,501,548
1912	87,371	5,262,605.795	5,262,685
1913	82,128	5,289,495.310	5,289,595
1914	76,995	5,226,437.580	5,226,496
1915	71,715	5,676,874.602	5,870,408
1916	66,847	6,159,450.486	7,132,520
1917	62,317	6,694,998.660	7,970,107

1918	55,772	6,650,764.281	8,105,278
1919	543,65	6,947,322.249	7,641,654
1920	49,013	6,721,647.660	6,719,958
1921	45,832	6,001,680.510	7,533,625
1922	42,923	5,449,345.440	6,440,441

*此表根據日本國立公文書館所藏「臺灣總督府統治書」第1～25回之鴉片、財政相關內容整理而成。具體檔號為 A06031501500、A06031501600、A06031501700、A06031501800、A06031501900、A06031502000、A06031502100、A06031502200、A06031502300、A06031502400、A06031502500、A06031502600、A06031502700、A06031502800、A06031502900、A06031503000、A06031503100、A06031503200、A06031503300、A06031500100、A06031500200、A06031500300、A06031500400、A06031500500、A06031500600。從第十三回統計書（A06031502700）開始，鴉片收入以元為單位。

根據上表分析來看，自後藤新平繼任臺灣總督府民政長官後，臺灣的鴉片專賣收益每年遞增，鴉片專賣已經成為日本殖民者的重要財政手段之一。特別是大正之後，總督府將鴉片煙膏秘密外銷，同時生產粗製嗎啡，使得臺灣鴉片收入更上一層樓。

小　結

綜上所述，在日據臺灣初期鴉片漸禁政策確立過程中，以水野遵為代表的臺灣總督府所起的作用是不可忽視的。總督府成立後，臺灣鴉片貿易繼續秘密地進行著，水野提出的以稅收為基礎的「鴉片漸禁政策」，雖然沒有被日本政府所採納，但如果沒有以水野遵為代表的臺灣總督府的堅持，後藤新平的「漸禁政策」或許不可能那麼快被接受。後代研究者之所以忽視了水野遵及當時總督府的作用，筆者推測原因是多方面的。從水野遵之方面來看，可能是因為水野於 1897 年升任日本拓殖務省次官（次長），離開了臺灣民政長官之職，且於 1900 年去世。而從後藤新平方面考慮，首先，臺灣鴉片採取的漸禁政策，是由後藤提案正式確立的；其次，後藤在鴉片漸禁政策實施過程中，起了非常關鍵的作用；第三，後藤於 1898 年隨兒玉臺灣赴任後，實際上行使著總督的權力，他通過推行各種新政，至 1905 年時，使臺灣實現了經濟獨立，總督府不再向日本政府申請行政輔助金，且臺灣蔗糖、稅收等收入，還充實了日本的國庫；第四，1906 年後藤獲男爵後，於同年 11 月 3 日被天皇任命為滿鐵首任總裁，並於任內確立了以大連為中心的滿鐵發展事業；第五、由於後藤在臺灣及滿洲的政績，於 1922 年被封子爵，1927 年晉伯爵；第六、八十年代初美國學者高伊哥的「後藤新平——臺灣現代化的奠基者」發表後，以邱永漢、王育德等為代表的臺灣主體意識研究者，更是推崇後藤新平對臺灣的貢獻。以上種種原因，都是造成後來研究者，在研究臺灣鴉片制度確立過程中，「尊後攘水」的原因。另外，日本帝國議會，本可以成為阻止臺灣鴉片政策確立實施的最後防線，但「漸禁政策」沒有受到阻礙就順利通過，這也是日本的臺灣鴉片漸禁政策從經濟上考慮的最好證據。特別是「總督府特別會計法案」的頒布，更使得臺灣鴉片政策可以沒有任何礙障隨心所欲地施行，總督府也如同鴉片癮者一樣，陷入貪圖利潤收益的「樂園」，使臺灣成為日本「財政及經濟上最富價值之殖民地」〔註 89〕。

〔註 89〕（日）矢內原忠雄，《帝國主義下の臺灣》，1988 年復刊，第 188 頁。

第三章　臺灣總督府對外商鴉片的處置

日本接收臺灣以前，日本對臺灣鴉片的方針及輿論都傾向於斷禁。但鴉片問題不僅是臺灣內部的事情，它與諸外國有著很深的利益關係。臺灣鴉片的經營者主要是外國商人，特別是英國商人居多。他們主要借助於大稻埕的美利士洋行、怡記洋行、寶順洋行三個商會，經營著一半以上的鴉片貿易。〔註 1〕1895 年 6 月 2 日，樺山資紀與清代表李經方將臺灣主權移交後的當天，民政局長水野遵即向駐臺灣的各國領事發表聲明：「以日本天皇之名，日本領有臺灣澎湖及其所屬土地，並執行其他一切行政事務。同時對居住於管轄區域之內的外國人，提供力所能及之保護。」〔註 2〕在日本國內，臨時外務大臣西園寺公望，在 7 月 19 日，向各國公使發布日本領有臺灣及澎湖列島的宣言。在三國干涉還遼的緊張局勢下，日本採取儘量避免與外國產生矛盾的態度，「亦認可各外國商人於港埠內之營業」。〔註 3〕但由於清統治臺灣時期鴉片的輸入基本都由以英國為首的諸外商包攬，故總督府必須就外商鴉片問題進行處理。

〔註 1〕《日據初期之鴉片政策（附錄：保甲制度）》，臺灣省文獻委員會，1978 年，第 51 頁。

〔註 2〕（日）《臺灣島の授受條約の成立竝人民綏撫關スル樺山總督の諭示》，《詔敕、令旨、諭告、訓達類纂》，昭和十六年，成文出版社影印，第 7 頁。

〔註 3〕（日）水野遵，《臺灣阿片處分》，発行者：水野遵，明治 31 年，第 33 頁。此資料承蒙在日友人車長勇先生幫助收集，特此表示感謝！

一、總督府默許外商鴉片的輸入

日本佔領臺灣後的鴉片相關問題，起始於馬關談判期間。中方代表李鴻章曾以「臺人吸食鴉片以避瘴氣」、「臺民吸煙由來久矣」〔註4〕為由，勸阻日本放棄索求臺灣，伊藤博文對此曾明確表示，要堅持禁止鴉片的吸食。伊藤博文以「日後領臺，必禁鴉片」〔註5〕的承諾，不僅讓李鴻章無言反駁，亦因此獲得倫敦「反鴉片協會」的「頌德狀」，成為「現代的救世主」。〔註6〕故在日本籌建總督府的 5 月份，臺灣鴉片問題，成為內定總督府民政局長水野遵的「日夜苦惱之源」。〔註7〕

1895 年 5 月 10 日，日本政府任命樺山資紀為臺灣總督。同時發出了伊藤博文的《給臺灣總督府的訓令案》，就外交事項提示：「居住於臺灣之外國人士不在少數，清既已失對臺灣權力，我國自需延續清國與各國所簽定之條約，但外國人士往在舊港口居住已經很久，享受特別待遇，我政府首要任務仍使其安泰勿躁，切應格外注意新領土上之外交事務。」〔註8〕其中就臺灣鴉片問題，曾有特別的指示：「鴉片煙是新領土施政上的一大害物，在新政實施的同時，應依我國與各締盟國條約之明文，向臺灣島民公布嚴禁鴉片煙之宗旨，然需明訂寬限期間，於道義上應予業者處理商品之緩衝期，且此事與英國商業有重大關係，不可不慎思遠謀。」〔註9〕

從伊藤博文訓令的內容分析來看，或許是出於三國干涉還遼，使日本遇到前所未有的外交壓力，日本政府不願在其他事務上再與各帝國產生矛盾。故樺山資紀與各外國領事交涉，及接收淡水海關之時，派出島村久、野村才二兩人先行赴基隆，以保證稅關的接收。

由於鴉片問題，總督府已與英國領事之間發生了矛盾，故在總督府向各國領事聲明日本佔領臺灣的同時，亦保證「於帝國政府有所宣示之前，暫襲清國政府舊之規定，亦認可各外國商人於港口內之正常營業。」〔註10〕而對

〔註4〕 李毓澍主編，《中日和約紀略》，臺灣大能書局，第 55 頁。
〔註5〕 （日）《日清講和條約締結一件／會見要錄》，JACAR：B06150073000。
〔註6〕 （日）水野遵，《臺灣阿片處分》，第 1 頁。
〔註7〕 （日）水野遵，《臺灣阿片處分》，第 1 頁。
〔註8〕 （日）伊藤博文編，《秘書類纂臺灣資料》，原書房，昭和 45 年，第 437 頁。
〔註9〕 （日）山辺健太郎編，《現代史資料——臺灣（一）》，みすず書房，1971 年，第 X 頁。
〔註10〕 （日）水野遵，《臺灣阿片處分》，第 7 頁。

於日本國內在條約上所禁止輸入的鴉片，「暫時可以自由地進入揭掛日本國旗的淡水稅關，也使得稅關獲得較多的收入。」〔註11〕

但從接收「訓令」有關鴉片內容分析來看，伊藤認為鴉片是施政上的一個難題，處理的宗旨雖是嚴格禁止，但由於既有庫存鴉片，故應給予業者一個處理時間；另外從對外關係上考慮，也必須採取一個可行的措施。故筆者認為，以伊藤博文為代表的日本政府，在佔領臺灣之初，對臺灣鴉片將採取的政策是傾向於嚴禁。

日本政府之所以當時考慮對臺灣鴉片採取嚴格禁止措施，一方面是由於日本自「安政條約」來以，一直嚴格禁止外國人輸入鴉片，也嚴格禁止日本人吸食鴉片，臺灣即為日本領地，當遵從慣例；另一方面，也因伊藤博文在馬關談判時誇下了嚴禁的海口，並因受領「頌德狀」而名揚海外，如果失信，將有損於日本的國際形象。另外，根據水野遵的分析，還有四個方面的原因：

第一、內地各新聞報刊的議論，都傾向於絕對嚴禁鴉片，將其作為將中國人逐出臺灣島的一種手段。

第二、法學者從國際法上，衛生專家從恐怕傳播到內的立場，主張嚴禁鴉片。

第三、信仰基督教人士，也督促厲行嚴格禁止鴉片。

第四、徵清軍醫曾治療好一些囚徒，認為鴉片煙癮可以戒除，故嚴禁並不困難。〔註12〕

從水野遵分析的四個原因中，可以看出當初日本據有臺灣之初，日本內部或許有一種想法，即是將臺灣作為日本人種的移居地，而鴉片的禁止，將迫使一部分癮者離開臺灣，並優化臺灣人使臺灣成為日本的真正附屬地，這從另一方面也說明，日本並不願意接納臺灣人成為日本人。另外，軍醫有醫治好鴉片癮者的實例，說明禁煙並不是特別困難。第三，日本內部反對聲浪，最主要是源於日本開國以來的嚴禁政策，懼怕臺灣的鴉片吸食習慣傳到日本。

日本在整個議和談判中，採取的是秘密外交，故伊藤博文的禁煙豪言，只是在海外進行了報導，日本國內並不知曉。7月時，由於三國干涉還遼，東

〔註11〕（日）水野遵，《臺灣阿片處分》，第7頁。
〔註12〕（日）水野遵，《臺灣阿片處分》，第9頁。

京日日新報報導了臺灣鴉片相關內容，才引發了轟動一時的臺灣鴉片問題大討論。〔註 13〕

二、總督府企圖以國內法範式禁止鴉片的輸入

實際上，在中日未就臺灣主權移交之前，日本內部就已經開始研究具體殖民臺灣的統治政策。根據亞西亞資料中心的資料記載，早在 1895 年 5 月份時，就已經研究在新條約沒有簽訂以前舊條約是否適用於臺灣。〔註 14〕7 月份就已經確定，在日本領有臺灣後諸條約在改正之時將適用於臺灣。〔註 15〕

1896 年 1 月 29 日，日本政府對與日本有條約關係的各國政府發布宣言：「臺灣雖情形較為特殊，但於臺灣居住或往來之各盟國臣民及船舶，仍應盡可能適用日本帝國與各盟國間現有之通商、航海條約及其諸般協定……當遵守在臺常行之法令。」〔註 16〕

1896 年 2 月 24 日，以告示「第二號」規定：「大日本帝國與外洋各國所訂現定條約，本島亦應照辦，從來臺灣所有進口之洋藥，應照條約即行嚴禁，但該洋藥慣用年久，未便一時斷絕，恐有性命攸關，自今以後，全部洋藥全歸官府，應候酌定章程，准其代藥使用，合行曉諭為此，仰爾等民眾，一體知悉，其各體遵，特示。」〔註 17〕

2 月 3 日，臺灣事務局為實行政府的宣言，特別向總督府發布了通報。當時在東京出差的水野遵，向代理內務部長牧發電云：「已經確定按現在條約實施，故請通知在臺灣的各國領事，同時，通知各稅關目前仍舊按現行條約施行，其具體日期，由總督府下達命令開始。」〔註 18〕

從此電報內容來看，日本對臺灣的鴉片政策，意欲實施國家專賣制，而對外國的鴉片輸入，則採取嚴格禁止之措施。但電文內容也證明，日本政府對總督府何時下令，並沒有具體的說明。實際上，在臺灣，總督府已經決定

〔註 13〕（日）山田豪一，《臺灣阿片専売史序說》，第 35～36 頁。
〔註 14〕（日）《日本新條約ノ臺灣適用》，JACAR，B03041511000。
〔註 15〕（日）《臺灣及條約改正ニ関スル意見書》，JACAR，B03041511100。
〔註 16〕（日）《臺灣総督府開創以來外國人関係事務取調書》，JACAR，B03041510100。
〔註 17〕（日）《7 明治二十九年二月分臺灣総督府民政事務報告第七號》，JACAR，B03041509800。
〔註 18〕（日）松下芳三郎，《臺灣阿片志》，臺灣日日新報社，大正 15 年，第 58～59 頁。

鴉片正常輸入。

同月的 12 日，日本內閣接受了後藤新平的「鴉片漸禁專賣案」，臺灣事務局為就臺灣的衛生事務及鴉片製造所預算等進行調查，正式任命內務省衛生局的加藤尚志為負責人，同時任命了十幾名人員。加藤尚志也開始籌劃臺灣的鴉片專賣。他向總督提出「最晚也要在四月份以後，就如內地同樣，禁止直接的鴉片輸入，改由政府專營。」〔註 19〕

同年 2 月 22 日，臺灣總督府民政局根據中央政府的訓令，及上述宣言的意旨，命令各海關「在命令到達之翌日，應對外國人於港內出入之船舶及貨物適用現行條約之規定；本國人則適用關稅法及關稅規則。但於命令告示期日前，自外國港口出港之船舶，或自外國港口裝船之貨物，得依舊例辦理。」〔註 20〕

在日本政府看來，日本根據條約獲取臺灣島，臺灣島即是屬於日本領土，故總督府認為只要將現行日本條約實施於臺灣地區，臺灣也自然如同幕末以來的日本內地一般，自然斷絕鴉片的輸入。日本人的願望是美好的。實際上日本政府內部與臺灣現地之間，在對臺灣鴉片問題上的態度十分不一致。水野遵好像沒有打算施行現行條約，但禁止鴉片輸入的內容已經向加藤尚志傳達。故加藤的提議被總督認可的具體日期已經是 3 月 2 日。

由於涉及到自身的利益，外國商人對於日本政府的臺灣鴉片政策早就特別關注了。前文曾經分析，由於臺灣的鴉片貿易，幾乎都由在臺英商壟斷，日本接收臺灣後，一直到南部的平定，依舊沿用清朝時期舊的關稅，以避免與在臺英商產生矛盾。

當總督府在 2 月 22 日向各外國通報，在次日（23 日）即實行現行條約，禁止鴉片的輸入。此消息很快就從港口傳到市內的煙膏店及鴉片煙館，人們爭相購買，導致鴉片缺貨，價格飛漲，在安平三月份一擔鴉片價格為 1500 至 1600 日元，但到了四月份，就一下漲高至 2400 日元。〔註 21〕

總督府只是將現行條約適用於臺灣通報給各國領事，並沒有提及觸及鴉片輸入的禁止問題。該通報宣布的第二天是週日，故各國領事也沒有什麼動

〔註 19〕（日）臺灣總督府製藥所，《臺灣總督府事業年報第 1 年報》明治 31 年，第 3～4 頁。
〔註 20〕（日）松下芳三郎，《臺灣阿片志》，第 58 頁。
〔註 21〕（日）松下芳三郎，《臺灣阿片志》，第 74 頁。

靜。直到26日，荷蘭領事第一個來詢問禁止鴉片輸入的準確日期。由於日本政府的宣言及總督府的通告，都未明確說明嚴禁鴉片輸入的主旨，因此各駐臺灣的領事對日本的真實意圖似乎不甚清楚。但對於英國來說，總督府的政策可能損害到其利益。27日，英國領事哈斯特（J.Harst）打電報詢問：「關於22日電報中之鴉片輸入，所置限制多少？請速給予答覆。」

總督府隨即以回電：「依宣言內容所示，本月23日前自外國港口裝船之貨物，仍可依舊例辦理。」

英國領事感覺到事態嚴重，次日急忙發電，要求總督府暫緩實施禁止措施：「拜讀貴電，與素來之保證多所矛盾，甚感意外。此事關係英國人之利害甚巨。關於日方突然中止商業上之既成交易，使吾等蒙受重大損失，並受急遽處分一事，在此聲明嚴重異議。盼望於外交談判協約未定之前，暫緩禁止之制，請給予答覆。」總督府於次日態度堅決地回覆：「禁止鴉片輸入一事是基於帝國政府宣言之自然結果，貴方申請暫延禁止輸入鴉片之議，礙難應允。」明確拒絕了英國方面的請求。

其實諸外國對臺灣將實施的禁止鴉片制度是瞭如指掌的，只是對具體政策及實施日期不甚瞭解罷了。現在對總督府提出質疑，自是為保護本國鴉片商人的利益，並事先預測可能會發生鴉片糾紛，並將可能涉及到的一些外交事宜先行布局。

實際上英國商人早就想利用這次商機。在安平港停泊的英籍船塞勒斯號（Thales），於23日駛往香港，停泊於淡水碼頭的福爾摩莎號（Formosa），也於24日急忙駛往香港。塞勒斯號在香港裝上了22,900斤的波斯鴉片，福爾摩莎號裝上了17,200斤的鴉片。〔註22〕這兩船在香港所買的鴉片，是每斤13日元。而在以前香港的鴉片售價只有6日元左右。因為臺灣總督府禁止輸入的消息傳到香港後，也使香港的鴉片價格漲到了二倍以上。香港各銀行緊急採取措施，停止了鴉片貨匯票據的發行，來控制鴉片的出港。

而在3月2日，英國駐日本公使接到香港總督及香港的鴉片商總經理從（サスーン）商會發來的抗議電電報。而在臺灣安平的英國領事哈斯特卻沒有任何動靜。英國駐日公使當日就會見了伊藤，就此事進行交涉：「何時在臺灣實施日本的條約，確切的日期不宣十分不妥，就突然禁止鴉片輸入一事，

〔註22〕（日）松下芳三郎，《臺灣阿片志》，第61頁。

較交了香港總督及鴉片商會經理的抗議書，提出鴉片與樟腦應當共同來處理。伊藤答應與西園寺商議後再做答覆。」〔註23〕

3月1日，塞勒斯號將22,900斤鴉片運入臺灣南部的安平港；3月6日福爾摩莎號也載著17,200斤鴉片進入北部的淡水港。雖然福爾摩莎號晚於塞勒斯號進入臺灣，但福爾摩莎號到達淡水稅關時提出了證明書，此船鴉片早於2月23日前就在波斯裝貨，後經香港再進入淡水的證明，因此被准許卸貨於淡水海關倉庫。而塞勒斯號沒有提出此項證明，故不允許貨物進倉庫，被命令原船離開安平港。

另一方面，由總督親自給知事廳長及稅關長發出的內訓（第二號），規定發現鴉片走私時，必須詳細報告：

一、輸入者的住所氏名。

二、事出地名及寄港及其港名。

三、運載的船籍船種船名及船長的住所氏名。

四、阿片的種類數量及價格。

五、阿片的密裝及船中密藏的方法。

六、輸入的地名。

七、發現的過程。

八、搬運的方法手段。

九、輸入者與買方的關係。

十、買入者的住所氏名職業及買賣場所。

十一、買賣的價格。

十二、中轉買賣者的住所氏名職業秘密買賣的方法手段。

十三、買賣相關媒介者的住所氏名職業。〔註24〕

由於總督府的嚴格政策，塞勒斯號欲以走私的方式將鴉片售出也無可能，故只能採取外交的手段。雖然總督府事先可能已經預知禁止鴉片的輸入一定會引起一些爭議。但沒有預想到問題的嚴重性。那些已經習慣在東方國家享用特權的列強，即使明知自己的行為有背於國際法，但為自身利益所驅使，仍然利用強勢進行交涉。

〔註23〕（日）《臺灣総督府開創以來外國人関係事務取調書》，JACAR，B03041510100。

〔註24〕（日）《臺灣鴉片制度要旨》，臺灣總督府製藥所，明治三十年，第47～48頁。

在塞勒斯號被拒卸貨之後，英國領事哈斯特立即發電總督府進行交涉，將責任完全攬在自己的身上：「由於本官於 2 月 29 日沒有通知英國商人有關禁止輸入鴉片之事，而塞勒斯號之鴉片於獲悉通知前，已在香港和廈門裝貨……故懇請總督府命令海關，使塞勒斯號返回港口，並准許其卸下所裝運之鴉片，以減少因突然下達禁止輸入命令而蒙受的損失。」〔註 25〕

是否遲延通知英國商人，恐怕只有哈斯特自己才知道，但不管怎麼說，遲延通知本就是哈斯特未能盡自己作為公使的責任，但卻以為由，在日本政府下令禁止鴉片輸入後，仍然要求許可鴉片進口，足見當時外國人在東方的持強凌弱之心理。

總督府在此事上做得非常巧妙，適逢水野遵在東京出差，牧朴真代理局長即回電哈斯特，表示只要塞勒斯號能夠提出於禁止期限前自外國港口的離港證明，即可准予卸貨。

而當塞勒斯號於 3 月 16 日再次進入安平港時，又發生了事故，未能如期卸貨。哈斯特於 21 日發電給總督，表示強烈不滿，並暗示英方已經將其作為外交事件來處理：「依駐東京英國公使之訓令，在日本政府通知禁止鴉片之前，該船已經取得公使之許可通牒……關於所裝載鴉片入港許可一事，我個人認為以 2 月 23 日以前駛往臺灣之船隻，沒有離港後卻即要求出示證據之理由，且據香港知事致駐東京英國公使電報，而比塞勒斯號晚出港的福爾摩莎號反而不需要證據即可卸貨。淡水與安平相隔不遠，法規卻如果迴異，令人難以理解。故我認為閣下應下命令給安平海關，於前所言之塞勒斯號卸貨鴉片一事，酌允免於別證，使之可自由處理該貨物。」並在電報末處明確說明：「以上相關事項須呈報英國公使，急請回覆。」〔註 26〕

哈斯特非常明確地告知總督府，英國已經將鴉片事件作為外交事件來處理。實際上不只英國對此非常不滿，其他國家也就突然禁止鴉片輸入一事，提出了抗議。正在東京出差的水野遵民政局長接到報告後，認為目前如果不妥善處理，將再次招致外交上的困境。故給牧代理局長下達指示：「先前自淡水入港之福爾摩莎事情，以及此次自安平入港之塞勒斯號，係於彼等知曉嚴禁之制時出貨，雖非自波斯前來，當亦許可此兩船之貨物輸入無疑。」〔註 27〕

〔註 25〕（日）松下芳三郎，《臺灣阿片志》，第 61 頁。
〔註 26〕（日）松下芳三郎，《臺灣阿片志》，第 61 頁。
〔註 27〕（日）松下芳三郎，《臺灣阿片志》，第 61 頁。

水野遵的做法明顯是不追究責任，以避免外交風波的懷柔手法。但在臺灣負責與英國商人直接交涉的牧代理局長，因為瞭解事情的實情，不願意就此敷衍了事，因為事涉其他各外船鴉片事宜。於是 24 日再次向水野遵請命：「塞勒斯號自 2 月 23 日自安平啟航，福爾摩莎號自 24 號自淡水啟航，故應知曉禁止鴉片輸入之命令。縱令香港及廈門商人不知，駐臺之輸入者既然負責海關事宜，更無不知之理。既知禁制之事，則辨稱不知之託詞難於成立。且有相同情況者有之，亦也照比給予許可。」水野遵答覆云：「若有相同情事者，應提供調查報告。」〔註 28〕

4 月 8 日，牧代理局長向水野遵報告另外兩艘英國船隻也攜帶鴉片來臺，結果水野遵回電指示「彼等亦特許其輸入鴉片無妨。」〔註 29〕根據檔案記載，總督府方向也認為對英商的鴉片相關處理是「特例」，這裡面可能與臺灣的怡和洋行有著某種關係。〔註 30〕

三、差別對待的對德鴉片外交

實際上在英國鴉片交涉的同時，德國鴉片商人也與總督府產生了衝突。但總督府採取與英國完全不同的做法。在 1896 年 3 月 1 日，德國駐臺領事渥德（G.Wold）也向牧代理局長遞交了抗議性的書信：「有云現行條約應盡可能悉數施行於臺灣，推想鴉片一事亦當如此。然德意志商會曼尼商社已切結鴉片輸入契約，其買賣攸關商會之利害，本官特此申述貴局，宜予上述商品一定之寬限，使曼尼商社得以完結其契約，否則難期現有條約之施行。」〔註 31〕同月 3 日，總督府派遣外事課長杉村睿口頭回覆渥德領事：「鴉片輸入之禁，係基於帝國政府對臺島宣言之自然結果，是以貴領事之請求，恕難應允。」〔註 32〕

同年 6 月 23 日，德國領事突然向水野送達了書信，表明：「關於曼尼商社因鴉片輸入禁止而蒙受損害一事，敝國東京公使已以電報訓令本官，務將

〔註 28〕（日）松下芳三郎，《臺灣阿片志》，第 62 頁。
〔註 29〕（日）松下芳三郎，《臺灣阿片志》，第 62 頁。
〔註 30〕（日）《臺灣総督府開創以來外國人関係事務取調書》，JACAR，B03041510100。
〔註 31〕（日）《臺灣総督府開創以來外國人関係事務取調書》，JACAR，B03041510100。《明治廿九年三月中民政事務報告書》，JACAR，B03041509900。
〔註 32〕（日）松下芳三郎，《臺灣阿片志》，第 62～63 頁。

此件交付訴訟。」德公使的意思是想告知，德方正在東京與日本進行外交交涉。同時，他還援引塞勒斯號與福爾摩莎號的處理方式，稱「2 月 25 日，香港各銀行已謝絕前住臺灣之鴉片匯款，儘管如此，塞勒斯號仍如應航往安平」說明「曼尼商社與英人處理之異僅只一點，即前者即刻遵奉禁令，後者概將禁令等閒視之。甚至於當年四月中，尚有英商博特商社輸入若干鴉片卸貨淡水之事。」因此，「今於此申述仰待損害賠償之請，損害額結算書猶留置本官手邊，切望德國商人可如同英商之免於蒙受損害。」

渥德在此援引英國鴉片船處理方式，意在警告總督府，德已經考量提起訴訟以求得國家損害賠償，即此事如果總督府處理不當，可能會進入領事裁判程序。

總督府在收到德領事書信後，立刻派遣外事課長杉村向德國領事渥德要求中止彼此爭議性的交涉，平心靜氣地進行商討。而這裡所謂的平心靜氣，實際上是總督府自認為在此事上處於屈理之處。以高於時價的價格，再加上必要的經費，買下了德國鴉片商在外國訂購的 60 箱鴉片，使「此事未上公庭即告圓滿落幕。」〔註 33〕

至此，由於日本政府將禁止鴉片輸入的現行條約適用於臺灣，從而引發的與外國商人或外國官員的外交交涉，就此告一段落。

四、高價購賣外商鴉片

由於日本自臺灣主權移交前就開始討論條約是否適用問題，對商業利益非常敏感的外國商人，早在總督府禁止鴉片的輸入宣言公開前，為求得最大的商業利益，自前一年（1895 年 7 月），就開始大量囤積鴉片。在 1896 年總督府正式宣布禁止輸入之前後僅兩個月時間，就輸入 72445 斤鴉片，價值高達 88976 日元。

下表為 1896 年 1～5 月臺灣各港口鴉片庫存情況表：

年　月	淡水海關庫存鴉片	安平稅關庫存鴉片	打狗稅關庫存鴉片
1896 年 1 月	112 擔 22 斤	256 擔	2,156 擔 25 斤
1896 年 2 月	89 擔 74 斤	228 擔	675 擔 00 斤
1896 年 3 月	145 擔 84 斤	283 擔	1,096 擔 50 斤

〔註 33〕（日）松下芳三郎，《臺灣阿片志》，第 63～65 頁。

1896年4月	159擔58斤	427擔	1,035擔50斤
1896年5月	150擔17斤	386擔	1,798擔50斤

*此表根據《鴉片事項調查書》(《日據初期之鴉片政策》，第170～173頁）之內容整理而成。

從上表分析來看，在總督府禁止鴉片輸入之後，臺灣各港口稅關的鴉片數量快速增加，雖然總督府的統計沒有用統一的計量單位來表示，但統計數量也顯示，在總督府禁止鴉片輸入後的兩三個月內，臺灣的鴉片輸入量大增，這還不包括那些不經存庫手續，直接交給商人的鴉片。

由於臺灣島內民眾擔心禁止鴉片輸入，為了販賣或滿足自家吸食，紛紛盡其財力提前大肆購買鴉片，引起了價格暴漲，一百斤鴉片從往常的850元飆升至1300元。〔註34〕

由於鴉片的購買已經被提前滿足，故外國商人緊急輸入的鴉片卻剩餘在稅關的庫房裏，導致臺灣「鴉片的價格實際上很高，但買賣卻在一年內幾乎絕跡。」〔註35〕這致使外商損失很大，他們並不認識這是由於投機行為造成，反而把責任推給中國的走私，並認為總督府官員「坐視走私鴉片不顧」〔註36〕。

1896年7月22日，各國商人聯名致函英國領事，稱：「自日本政府於2月禁止鴉片輸入臺灣島以來，吾等亦期於此禁令發布以後，日本政府將確實查禁鴉片輸入。但此禁令僅選擇蒸汽船實施，而清國之戎克船支得以卸貨鴉片……致走私鴉片數量大增……海關官員對汽船之輸出入之貨物課稅及檢查詳細，而沿海各處停泊之戎克船，則不注意。故此事或可提出為駐東京英國公使參考。」〔註37〕

從信函的內容來看，外國商人們非常擔憂對自己投機鴉片可能造成的損失，為了儘量減少損失，將鴉片滯銷歸罪於清國的走私，並期待英國能以臺灣總督府放縱走私之名，進行交涉。但事實上似乎並非如此，水野遵在《臺灣阿片處分》中認為，導致鴉片難出售出的原因主要有以下四點：

第一、總督府公示允許癮者繼續吸食鴉片，故吸者認為沒有貯藏鴉片的

〔註34〕（日）水野遵，《臺灣阿片處分》，第41頁。
〔註35〕（日）水野遵，《臺灣阿片處分》，第41頁。
〔註36〕劉明修（伊藤潔），李明峻譯，《臺灣統治與鴉片問題》，第81頁。
〔註37〕（日）松下芳三郎，《臺灣阿片志》，第69頁。

必要；

第二、吸食者已經購買了大量鴉片；

第三、沒有必要從外商手裏購買高價鴉片；

第四、由於輸入禁止價格暴漲而引起的走私。〔註 38〕

從水野遵的分析來看，鴉片的走私只是其中的一個方面。根據總督府的調查資料，當時臺灣各開放港口，確有鴉片走私情況。而走私者也確以清國人居多，但也有其他國家的走私船。「惟搭載中國乘帆船及矮船等前來者，因不擇處所均可靠岸起貨，致必然有走私進口情事發生。」〔註 39〕但根據資料記載，其走私量在淡水僅 133 斤、安平 90 斤、臺南 181 斤，總量並不是很大，當然一定還有未查到的走私鴉片的存在，但這不是造成鴉片大量囤積，價格大起大落的根本原因。〔註 40〕

但外商們自持特權，當然要為自己的辯解爭取權益。英國公使撒托（Ernest M.Satow）接到來自臺灣的報告後，為保護英國鴉片商人的利益，於同年 8 月 21 日照會外相西園寺，要求日本政府給予關注，提出：「在臺港埠之英國商人等皆遵守稅關規則繳納輸入稅，卻有清國人無稅走私該貨物，致使英國商人利益大受損失，促請閣下多多注意。」〔註 41〕

對英國公使提出的意見，日本政府似乎非常重視。很快（9 月 23 日）拓殖務大臣高島鞆之助就令臺灣總督桂太郎，就此事進行調查：「此事英國公使已經致函外務大臣，汝當詮議各方進行調查，就其意見給予照會。」〔註 42〕

雖然英國公使盡力為其國商人爭取，但不能改變臺灣島內鴉片銷售的情況。而為滯銷而苦惱的外國鴉片商人，又想以曼尼商社的鴉片處理為例，將其手中鴉片出賣給總督府。他們開始向英國領事游說，英國領事於 9 月 11 日寫信給水野遵，表示有關去年以來的鴉片事務，「使鴉片市場價格暴漲，總督府關於此事之計劃，將來鴉片販賣特許事宜之意見如何，請給予賜教……至於因為貴局將來之計劃，致使鴉片之販賣而產生的疑難之處，貴局預計如何

〔註 38〕（日）水野遵，《臺灣阿片處分》，第 41～42 頁。

〔註 39〕《鴉片事項調查書》，《日據初期之鴉片政策》，臺灣省文獻委員會，1978 年，第 102 頁。

〔註 40〕《鴉片事項調查書》，《日據初期之鴉片政策》，第 103～104 頁。

〔註 41〕（日）松下芳三郎，《臺灣阿片志》，第 69 頁。

〔註 42〕（日）松下芳三郎，《臺灣阿片志》，第 69 頁。

收購，還請告之。」〔註 43〕

此信由英國領事遞交給英國駐日公使，又自英國公使轉給日本外務大臣，再由外務大臣轉給拓殖務大臣，最後由拓殖務大臣以訓令方式下達給臺灣總督。同月 21 日，臺灣給拓殖務大臣回覆說明：「關於鴉片購入一事，於本島鴉片輸入之英國商人似心懷妒嫉……質疑總督府何以獨向曼尼商社，簽購鴉片。今因總督府之鴉片輸入致英商等持有之鴉片價格下跌，蒙受相當之損失，以及將來歸總督府專賣之情況下，上述英商所持有之鴉片預計如何處置有三個方面的考慮。」〔註 44〕

根據水野遵在《臺灣阿片處分》中記載，截止到 1896 年 2 月，臺灣輸入的在庫鴉片總量達 28841 斤，其價值達數十萬元。〔註 45〕由於臺灣的鴉片癮者擔心嚴禁吸食，早已儲備了充足的鴉片，且吸食者也可向總督府購買鴉片，故使外商手裏的鴉片很難賣出。但英國對日本的強硬外交措施，使得日本不得不考慮將外商手裏的鴉片全部收購，以平息日本與英德等國的矛盾，以創造一個良好的修約談判的外交環境。

1897 年 1 月 28，中田敦義事務局長向北垣拓殖務次長寫信，就英國要求總督府購買其庫存鴉片事宜進行商量。4 月 20 日，拓殖務局給中田回信，答覆：「通過與領事的協商，由臺灣總督府製藥所購買其全部生鴉片。」〔註 46〕

總督府與安平的英國領事進行協商，總督府提出按照英國商人希望的每百斤 1650 日元，即稍高於當時的高價進行收購，但英商卻要求更高的價格，總督府停止了協商談判。最後，英商妥協，由商會與總督府進行再交涉，以總督府方面提出的價格，以總價格 31,6984 日元，收購了 28841 斤生鴉片。〔註 47〕

小　結

綜上所述，日本在接收臺灣後與諸外商的生鴉片交涉過程中，明知這些

〔註 43〕（日）松下芳三郎，《臺灣阿片志》，第 66 頁。

〔註 44〕（日）松下芳三郎，《臺灣阿片志》，第 69 頁。

〔註 45〕（日）水野遵，《臺灣阿片處分》，第 41 頁。

〔註 46〕（日）《3・在臺灣英商所有ノ阿片総督府ニ於テ買上方英國公使ヨリ申出ノ件　明治三十年》，JACAR，B11092123200。

〔註 47〕（日）荒川淺吉，《阿片認識》，發行人：樂滿金次，昭和 18 年，第 194～195 頁。

鴉片中的一部分是外商有意圖利所為，但攝於諸外國的壓力，特別是英國的強硬，最終還是決定將諸外商的持有的鴉片全部收購。

第四章　總督府製藥所的成立及鴉片的生產

日本據臺之初，面臨著臺灣人民的武裝反抗和鴉片吸食兩大問題。日本朝野對臺灣鴉片問題主要有「斷禁論」和「漸禁論」兩種意見。由於日本國內早已明令禁止吸食鴉片，故輿論界多傾向於斷禁論，但總督府在鴉片稅釐所帶來的巨額財政收入誘惑下，最後決定採取「漸禁」政策，此源於後藤新平所提出的「關於臺灣島鴉片制度之意見」一文。〔註 1〕後來，後藤又提出「關於臺灣島施行鴉片制度意見書」，該意見書第一項「鴉片行政機關」中曾言「並非定要附設製藥所不可。據聞設製藥所已成定案，茲不再贅言。」〔註 2〕，從後藤新平的說法中，可以推斷，實際上在此之前總督府根本就沒有想採取「斷禁鴉片」之法，早就著手進行鴉片煙生產的系統工程準備。這從另外一個角度說明，總督府早已將鴉片的研製與生產納入到日程計劃上來。1896 年 2 月 26 日，臺灣總督府向臺灣人發布告示如下：「大日本國與歐美訂盟各國間訂立之現行條約，即日起施行於臺灣。過去曾轉運及直接輸入臺灣各港埠之鴉片，今起一律嚴禁進入臺灣地域。然島人積習已久，一朝止之，恐有危其性命之虞，將來政府應置一定之規則，准予鴉片做醫藥使用，盼汝等克體本總督之意。」〔註 3〕此份告示也明示總督府將鴉片作為藥品的一個品種來進行經營。3 月 30 日，總督府設立鴉片事務局，由鴉片事務官、

〔註 1〕（日）《臺灣島阿片制度ニ関スル件》，JACAR：A04010019600。
〔註 2〕（日）《臺灣島阿片制度ニ関スル件》，JACAR：A04010019600。
〔註 3〕（日）井出季和太，《臺灣治績志》，臺灣日日新報社，昭和 12 年，第 243 頁。

巡查官、警察和醫師等組成。〔註 4〕鴉片既然作為醫療用品，就需要有生產的廠家，故總督府積極策劃設置總督製藥所。後藤新平擔任衛生顧問後，撥出 173 萬日元作為籌建製藥所的費用，並任命在總督府衛生課任職的加藤尚志為總督府製藥所所長，開展總督府製藥所的建設事宜。

一、臺灣總督府製藥所官制的設定

1896 年 3 月 31 日，總督府以敕令第九十八號公布了《臺灣總督府製藥所官制》，製藥所官制共八條：

第一條、臺灣總督府製藥所直屬臺灣總督府，掌理製藥相關事務；

第二條、製藥所設置所長、技師、技術員、文員、翻譯；

第三條、所長由技師擔任，承民政局長的命令，管理所內事務；

第四條、技師專任四人，承所長指揮，專管鴉片製煉分析等相關事務；

第五條、另外設技術員五人，承上官指揮，從事所務；

第六條、設文員二十人，承所長指揮，常理庶務；

第七條、設翻譯四人，承上官指揮，從事各項翻譯事項；

第八條、本令於明治二十九年四月一日開始執行。〔註 5〕

「製藥所官制」的頒布，標誌著臺灣總督府製藥所的正式成立。從官制內容分析來看，其官制內容十分簡單，可推想為了配合《鴉片令》的實施，擬訂得十分匆忙。實際上在《臺灣總督府製藥所第一年報》中所披露內容來看，製藥所所長加藤尚志早在 2 月 12 日時，已經命令其雇員就鴉片製造所費預算等進行調查。〔註 6〕

總督府在「製藥所官制」頒布後，馬上就鴉片相關事項進行了規定：

第一、各稅關依據以前的方法，從事鴉片的購入貯藏及批發事務，特許商人在一定期限內進行製造販賣，但僅持續到製藥所設立其準備就緒後；

〔註 4〕（日）臺灣總督府製藥所，《臺灣總督府製藥所第一年報》，明治 31 年，第 2 頁。

〔註 5〕（日）臺灣總督府製藥所，《臺灣總督府製藥所第二年報》，明治 32 年，第 2～3 頁。

〔註 6〕（日）臺灣總督府製藥所，《臺灣總督府製藥所第一年報》，明治 31 年，第 4 頁。

第二、臺灣的鴉片及日本內地一樣，由自然輸入而漸次改由政府購入再進行批發；

第三、生鴉片的購入及吸煙用鴉片的調製，在製藥所成立就緒後馬上禁止，但調製藥特許商販賣仍依照前例不變；

第四、著手就鴉片製造販賣及管理方法等進行立法；

第五、向百姓明示鴉片制度的設立方法為政府專賣，政府嚴禁吸煙，對中毒者進行治療；

第六、著手就吸食用鴉片煙的製造方法進行調查。〔註7〕

從以上內容分析來看，鴉片的相關規則是從「鴉片令」實施過渡到製藥所鴉片製成品生產前的過渡政策，而此時間總督府對鴉片雖確定鴉片由政府專賣，但仍然主張嚴禁吸煙，並主張對中毒者進行治療。但從以後具體實施過程來看，其嚴禁政策絕對沒有實施，而對中毒的治療，是在蔣渭水領導的民眾黨上告國際法庭後，才開始進行的。這一方面是鴉片經濟收入的原因，另一方面，也是民族差別待遇的證明。

5 月 28 日，總督府以訓令第十七號頒布了《製藥所分課規程》。內容如下：

第一條　製藥所設置製造課、檢查課、庶務課、會計課。

第二條　各課設課長一人，以技師、技術員或文官來充任。

第三條　製造課掌理下記事項：

一、藥品製造；

二、蒸汽機；

第四條　檢查課掌理下記事務：

一、藥品原料檢查；

二、製造品檢查；

三、飲食物其他分析等。

第五條　庶務課掌理下記事項：

一、所長官印及所印保管；

二、公文書類接收發送及編纂保存；

三、圖書保管及刊行；

四、統計報告及官報刊載；

〔註7〕（日）臺灣總督府製藥所，《臺灣總督府製藥所第二年報》，第3～4頁。

五、不屬於他課主管事項。

第六條　會計課掌理下記事務：

一、藥品原料及藥品受渡；

二、經費及收入並會計事務；

三、所中廳舍及其修繕；

四、所中管理相關事務。〔註8〕

當時製藥所所長由總督府的衛生課長加藤尚志來擔任，總督府技師大中太一郎負責鴉片製造的諸業務工作。

7月3日，總督府以訓令第57號頒布了《製藥所長職務規程》。規程規定，製藥所所長受臺灣總督府民政長官的認可，制定製藥所規程；製藥所具體權限為：所長有指定所員工作的權力、有批示所員探親歸省及轉地療養的權力、所內金額百元以下的土木工程及房屋新建及維修的批示權、房屋倉庫的借入權、百元以下物品的購入權、經費預算內的月額二十元或日給壹元以下的雇員的雇退、執行主管事務上的必要的公告、主管事務上與總督府所屬官衙的往復、所員便裝出差事宜、島內巡迴及命令職員出差事宜、作業的修止及作業時間的延續等。〔註9〕

二、鴉片製造生產的相關準備

製藥所成立後，馬上就生產鴉片進行各種準備。第一項著手的工作就是對鴉片製造業相關參考數據進行調查。總督府派文官鷹崎倫三就鴉片相關各參考數據進行收集，派技術員渡邊學之，到臺北城內、大稻埕、艋舺三地進行醫學上鴉片的相關調查。

煙膏的製造方法調查，主要由技師大中太一郎負責。大中率領技術員小林種英、漆原兵吉、荒尾英三郎及翻譯官長野實義等人，於4月15～21日，對臺北市內的鴉片商進行了調查。當時對鴉片究竟採取何種政策還沒有公開，鴉片商人也不能理解總督府的意圖，不願意告訴他們實話，調查行動被迫擱淺，故大中太一郎決定雇用信得過的當地人，對鴉片煙膏地進行了調查。24日，雇用了熟悉鴉片煙膏的大稻埕南街「新勝美」的黃水。27日，在大中家中開始試製鴉片煙膏。

〔註8〕（日）臺灣總督府製藥所，《臺灣總督府製藥所第一年報》，第4～5頁。

〔註9〕（日）臺灣總督府製藥所，《臺灣總督府製藥所第一年報》，第6頁。

由於日本人以前沒有製造、調配、吸食鴉片的經驗，所以必須借鑒清時期鴉片的構成比例，下表為清時期吸食鴉片的種類及成分：

煙膏種名	水分	水可溶分	嗎啡含量	灰分	香氣	吸食鑒定者的評價	定價（元）
福煙	22.39	73.55	11.73	4.23	老酒香少	由小土加四川煙配合製成，紫黑，味重。	1.2
祿煙	23.24	73.35	9.74	3.50	同上	在四川土上加萬成膏製成泡，忌火，味野淡。	0.8
金桂	22.35	74.20	7.42	5.75	老酒氣少	由大土配合上等四川土製成，味厚，無香氣。	1.33
玉桂	23.30	75.70	8.56	4.26	同上	小土加四川土製成，性平，泡好，味香厚。	0.9
滿桂	22.80	73.60	5.19	4.98	同上	小土加溫州汁製成，味野，性軟，泡異。	0.77
堂桂	22.73	72.72	4.65	5.51	焦	由溫州法制成，味野，淡泡，黑，性軟。	0.70
上桂	23.21	72.70	7.40	3.50	老酒香少	小土混合大土製成，味香，厚泡，紅，性平。	0.83
中桂	24.00	72.43	6.42	2.53	同上	小土配合溫州汁製成，味淡。	0.82
下桂	21.36	72.10	1.35	4.34	同上	小土加少許四川土及萬成膏製成，味野淡，泡大，紅。	0.64
上桂	22.50	71.82	7.42	5.36	同上	大土及小土配合四川土製成。	1.30
中上桂	21.35	71.82	6.88	5.41	同上	小土加少量萬成膏配合製成，味野，泡軟，性平。	1.00
中桂	21.32	71.85	2.96	7.11	同上	小土加溫州汁及萬成膏製成，味淡，臭，泡黑。	0.83
下桂	22.72	76.80	3.82	5.75	同上	小土加溫州汁及萬成膏製成，味極臭，泡軟，黑。	0.68

此表傳引自《臺灣阿片制度要旨》，臺灣總督府製藥所，明治三十年，第25～26頁。

從上表分析來看，吸食用鴉片的製造配比方法看似十分簡單，但製造成成品鴉片則需要相當的過程。故製藥所就鴉片煙膏製作方法，及所需諸事項進行了詳細的調查。

首先，就鴉片產地種類包裝重量價格進行調查。

臺灣的吸食鴉片的原料，主要產自於印度、土耳其及中國大陸。在原料鴉片中，印度產鴉片品質香，味亦純正，在臺灣總稱為「大土」，由英國政府專賣，是吸煙原料的優等品，又被稱為「白片」，這種鴉片可以隨意販賣。「大土」又分為「公斑」及「葉仔」兩種，皆以六寸的球形，由罌粟的花瓣包裝。其內部為褐黑色泥狀，有鴉片特有的臭味，重量一般為二斤半。波斯產的鴉片叫「小土」，用紅唐紙包裝。依據其包裝紙又可分為白紗、藍紗、黃紗、紅紗及無紗；依據其形狀又可分為「宅莊」、「四角主」、「圓莊」、「豆干莊」。中國大陸產的鴉片以地名為稱，如「雲南土」、「四川土」等。

其次，就「萬成土」的製法進行了實驗。

將天門冬四斤、金點四兩、金英子四斤、黨參四斤、生地黃四斤、菜燕四兩混合在一起，用銅鍋兩個，各放 1.5 公斤的水煮一個半小後，用粗布過濾。其殘渣經搗碎再加水十公斤煮四個小時，過濾後其殘渣再搗碎，再加入 0.5 公斤的水，再與另外鍋之桂枝加水十公斤煮三十分鐘之物相混合，再煮六個小時之後進行過濾。將前後過濾後的汁液中加入二公斤川芎，再煮沸一個小時後，過濾其殘渣後再煮一個小時，這樣就得到六公斤的液汁。將此液體用細布過濾，於烈火上進行蒸發，經過四個小時，剩下津液的三分之二，再加入麥芽糖 1.5 公斤，放在文火上攪拌蒸發至煙膏的稠密度，從火上拿下攪拌冷卻後，再混入三個玉蘭花即成「萬成土」。〔註 10〕

第三，對原料鴉片進行了具體的檢查。

經過以上的調查後，又開始對各種鴉片的品質進行檢查，主要是檢查鴉片中所含有的「嗎啡」的含量，以確定其品質的優劣。下表為其「波斯」產鴉片的調查結果：

序號	品　種	水　分	水可溶成分	嗎　啡	灰　分
1	紅紗	13.514	71.452	10.580	2.807
2	無紗	13.928	67.437	10.670	2.633
3	四角塊	14.503	67.373	10.425	2.957
4	紅小系	13.721	69.531	10.425	2.738
5	它莊	11.709	71.036	11.070	2.828
6	底它	9.995	71.791	9.300	3.389
7	高它	11.366	70.229	9.615	3.140

〔註 10〕（日）臺灣總督府製藥所，《臺灣總督府製藥所第一年報》，第 11 頁。

8	紅紗	14.258	66.770	8.210	3.610
9	藍紗	14.203	68.618	8.795	3.180
10	黃紗	12.854	70.032	10.090	3.050
11	白紗	12.036	69.001	9.545	3.155
12	長它莊	8.790	63.750	9.450	3.170
13	短它莊	7.340	62.230	8.100	3.570
14	短它莊	7.000	63.640	7.920	3.450

日本人對原料鴉片的調查，主要是為了調查其中「嗎啡」的含量。

第四，對煙膏的製造進行了調查。

日本人還就大土煙膏、小土煙膏的製造方法進行了調查。取大土一個用利刀將其外皮拆開，取其內部的土肉，將其細切後放銅鍋之中，加水煮沸，待可溶成分全部出來，再壓榨過濾，將其濾液再放入銅鍋中進行蒸發，變成粥狀稠度，土語稱之為「煮皮」。之後再將前面取出的土肉皮放入，用文火加熱並攪拌，至其乾燥，土語叫之「攪拌」。以手掌壓膏面，膏體不能附著為限，再將其均等分布在銅鍋的裏面，再用文火進行燒烤，待其部剝離後再轉過來燒，這樣反覆數十回，土語稱之為「折重」。其層數一般要數十層，精工者多達二十五層乃至三十層。將此薄片放入銅鍋中再注入冷水進行冷浸過濾，過濾後其殘渣再注入冷水，這樣過濾二次，土語稱之為「過濾」。將過濾後的全部液體合在一起，再以極強的火進行蒸發，同時用嘴含水向其噴出水露，並將浮出物用羽毛除去，這樣得到的濃厚汁液，再移到小的銅鍋中，以文火蒸發成蜂蜜稠狀，土語稱為「候膏」。〔註 11〕小土的製造方法與大土基本相同，只是「折重」部分少些。

第五，對煙膏貯藏法及發酵期進行了調查。

將製造好的煙膏放在陶器的壺中，用紙片將其蓋子的周圍貼緊密閉貯藏數日，發酵產生的泡沫會使容積增加，故在發酵期間，每十二日就必須進行攪拌。由於四季溫度不同，其發酵期也不一樣。大土煙膏一般二十天左右可以發酵，二個月後可以完成。小土一般十天可發酵，經四十天左右即可。

大土煙膏若經歷數年後吸食，其口味會更好，故一般富貴人家都吸用五六年甚至十幾年的煙膏。這樣的煙膏一磅（0.9072 斤）大約四十元左右。一

〔註 11〕（日）臺灣總督府製藥所，《臺灣總督府製藥所第一年報》，第 13～15 頁。

般製造後數日才能達到可吸食的程度，故賣品一般都將新煙膏與舊煙膏混合起來進行發酵，以快速達到可吸食的程度。

第六，對煙灰的殘留量進行調查。

吸食煙膏之時，會產生出來一定的煙灰，其量因煙膏的種類不同，多少也會有所不同，根據臺灣的調查，使用廈門金鐘號煙斗吸食，煙膏一匁〔註 12〕，可殘留煙灰七分，但普通的煙館一般一匁只能剩下五分。下表為其煙灰殘留量表：

小土膏	25 克	煙灰	17.47 克	69.88%
大土膏	25 克	煙灰	15.5 克	62.00%

將殘留的煙灰再用水濕潤，撚成團，可再吸食。這樣的煙灰一匁可再落成煙灰四分，將這第二回的煙灰再用水拌撚成團再吸食，再落成第三次煙灰。這樣第一次的煙灰土語，稱為「頭清」，第二次的煙灰稱為「二清」，第三次的稱為「三清」。

第七，對中國酒的種類進行調查。

日本人還就臺灣人的飲料及製造煙膏使用的酒類進行了調查研究，主要有老酒、紅酒、糯米酒、時酒、火酒、正紹興酒、龍遠、致遠、志遠、東昌等，老酒、紅酒、糯米酒、時酒、為臺灣本島產，其他為中國內地產。其市場價格為正紹興酒十四斤裝為五十九錢；龍遠老酒為二十八斤裝六十五錢；志遠老酒二十八斤裝六十六錢；東昌老酒二十八斤裝為七十錢。根據當地人的講，正紹興酒氣味最好，適合用來製造鴉片煙膏，故其價格較高。

第八，對臺灣人所造煙膏的種類等進行調查。

日本人還就臺灣人所製造的煙膏的種類進行了調查，其煙膏的質量如下表所示：

煙膏種名	水分	水可溶成分	嗎啡含量	灰分	香氣	當地人吸用鑒定者的評價	價格
福煙	22.39	73.55	11.73	4.23	老酒香少	小土配四川土製成，紫黑、味厚。	1.200
祿煙	23.24	73.35	9.74	3.50	同上	四川土配萬成膏製成，泡忌火、味野、淡。	0.800

〔註 12〕日本的計量單位。

金桂	22.35	74.20	7.42	5.75	老酒氣少	大土配上等四川土製成，味厚、無香氣。	1.330
玉桂	23.30	75.70	8.56	4.26	同上	小土配四川土製成，性平，泡好，味香、厚。	0.900
滿桂	22.80	73.60	5.19	4.98	同上	小土配溫州汁製成，味野，性乾、泡異。	0.770
堂桂	22.73	72.72	4.65	5.51	焦	溫州汁製成，味野、泡淡、性軟。	0.700
上桂	23.21	73.70	7.40	3.50	老酒香少	小土配大土皮製成，味香厚、泡紅、性平。	0.830
中桂	24.00	72.42	6.42	2.53	同上	小土配溫州汁製成，味厚、燒泡良好。	0.830
下桂	21.36	72.10	1.35	4.34	同上	小土配四川土加少許萬成膏製成，味野、淡泡大紅。	0.640
上桂	22.50	71.82	7.42	5.36	同上	大土配小土及四川土製成，真正的大土製品。	1.330
中上桂	21.35	71.82	6.88	5.41	同上	小土與少許萬成膏製成，味野、泡紫、性平。	1.000
中桂	21.32	71.85	2.96	7.11	同上	小土與溫州汁及萬成膏製成，味臭、泡淡、黑。	0.830
下桂	22.72	76.80	3.83	5.75	同上	小土與溫州汁及萬成膏製成，味極臭、泡軟、黑。	0.680

*此表傳引自臺灣總督府製藥所編纂之《臺灣總督府製藥所第一年報》第 20～21 頁。

依據以上的調查，可以明確地得知，在市場中販賣的煙膏的嗎啡含量的百分比為 4～12 之間。其含量越高，鴉片的質量就越好。

第九、試製煙膏配劑。

通過以上調查，日本人開始試製生產鴉片，他們用土爾其生阿兩個 955 匁，土肉 750 匁及外皮 110 匁混在一起，製造出一等鴉片煙膏；用黃紗生鴉片 4 斤，老酒 320 匁混合製成二等煙膏；用黃紗生鴉片 4 斤，配合物 64 匁及老酒 320 匁製成三等煙膏。依據以上方法試製出來的鴉片的生產量為一等煙膏為五百十匁三分；二等煙膏為五百四十二匁八分；三等煙膏六百三十三匁一分。其更具體的成分如下表：

種別	水分	水可溶物	嗎啡	灰分	香氣	吸煙的評價
一等煙膏	23.95	73.55	10.17	4.78	沒有老酒的臭氣	味頗清香燒泡極密開展是為上煙
二等煙膏	22.58	74.82	12.09	2.74	同上	味清香煙厚泡密展此為小土上煙
三等煙膏	22.62	74.88	10.87	3.42	同上	味清香泡展頗密煙氣頗厚是即小土上桂

第十，對其他鴉片製取工具進行了調查。

製藥所人員通過研究，又決定製造用具、煙膏容器，試驗了鴉片罐、鴉片罐封及貯藏罐封膏，還就煙膏貯藏容器、名簽貼用糊、煙膏小分用器等生產鴉片所必須的工序等進行了試驗。其所用的鴉片製造器俱如下表所示：

種　名	用　　法	價　格
大銅鼎	像鍋形的銅製品，用於煮鴉片土	四元八拾錢
中銅鼎	形同上，用於煮大土皮或小土煙膏	四元
小銅鼎	形同上，用於大土煙膏的製造	貳元五拾錢
銅杓	銅製的柄杓，用於煮阿片及吸水	七拾元
大風爐	燒土製，用於煮鴉片	壹元
候膏爐	同上	三拾錢
青盆	陶製，用於存放鴉片的過濾液	六拾錢
籠仔頭	竹製，用於鴉片液的過濾	拾錢
大籠仔頭	用竹子製的籃子，用來過濾大土皮	拾貳錢
銅托	銅製的篦子，用來除去鴉片的殘渣	貳拾五錢
牛角杯	牛角製的篦子，用來取鴉片「越幾斯」	拾五錢
火挑	鐵製，用於搔七輪之下的火	拾五錢
炒杯	木製，用來攪拌鴉片土	拾五錢
土箸	木製，用於攪鴉片煙膏	拾錢
竹仔扇	用竹製的團扇代用品，用來煽火	貳錢
草屜	用槁製的，用來鋪鍋用	拾錢
土苔	鐵針渡金，用來炙大土的燒網	八拾錢
籠仔布	布製，用來絞大土皮	拾錢
大錦紙	中國製的一種紙，用來過濾鴉片汁	三釐
籠仔碇	土燒的小瓶，用來裝過濾的鴉片液	拾錢

三、鴉片製藥所的成立及鴉片的生產

通過以上的調查及試驗後，總督府開始尋找地點及場所來設立製藥所。11 月，製藥所在臺北城內西門街，租用新高堂主村崎的一棟二層樓房作為製造鴉片的臨時製作場及試驗場，開始鴉片煙膏的大量生產。這個工廠包括事務室、職工被服室、鴉片原土貯藏場、煙膏貯藏場、製造廠、煙膏製造場、包裝車間、物品倉庫等八個部分。12 月，這個製作場每天就能生產出一百磅鴉片煙膏。隨著 1897 年 1 月《臺灣阿片令》在全島的實施，各地煙膏需求量大增，製藥所每天的生產提高到一千磅。由於當時臨時工廠主要以手工為主，遠不能滿足全島對鴉片的需求量，故在新建設的工廠中，安裝了氣罐，將以前手工時期的炭火轉變為煤火，增加了蒸汽機、煉膏器、風箱、攪拌器等現代化工具。

製藥所當時生產的鴉片煙膏有三等，它們的名稱重量及定價如下表所示：

煙膏等級	煙膏名稱	煙膏重量	煙膏單價
一等煙膏	福煙	一百二十匁	12 元
二等煙膏	祿煙	一百二十匁	9 元
三等煙膏	壽煙	一百二十匁	7 元

*此表使用的元是日據臺灣時期由臺灣銀行發行的臺灣「円」。文中所使用的元，也是特指臺灣「円」。

製藥所還就各種鴉片購買吸食特許證明進行了設計，其具體樣式如下圖：

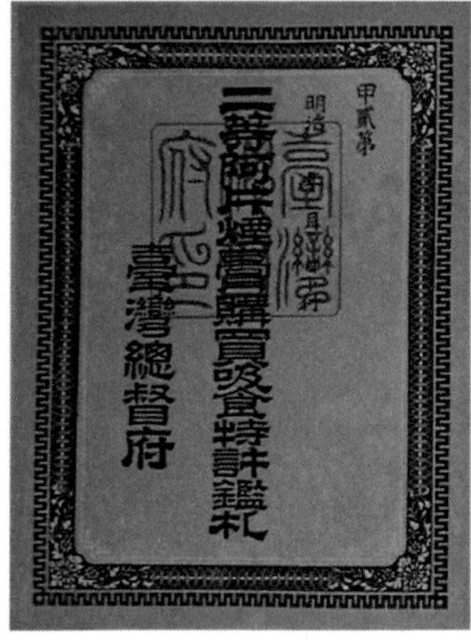

隨著鴉片製造業的擴大，原設在西門街附近的臨時工廠，日產量只有 675 瓦的生產能力，已經遠遠不能滿足生產的需要。〔註 13〕故總督府又在臺北城西南門外的大加蚋堡龍匣口莊，新建了 7152 坪的製藥所鴉片製造廠。其中一部分在 1897 年 11 月時竣工交付使用，包括 423 坪的製造場、218 坪的實驗室、200 坪的原料及製品庫、200 坪的藥品庫及職工食堂等。〔註 14〕

這個鴉片製造廠不僅生產鴉片，還進行各種鴉片相關實驗，如進行煙草中鴉片混雜有無的實驗、鴉片煙膏放煙的實驗、鴉片煙膏中那可汀（一種鴉片堿）的含量的測定、使用蒸汽機製造煙膏的實驗等，另外，製藥所還進行化學試驗、細菌學試驗等。〔註 15〕下表為 1897 年到 1898 年間總督府製藥所進行各種實驗的統計：

	原料鴉片實驗	製造煙膏試驗	試製煙膏及其他實驗	各官衙請求的鴉片相關實驗	沒收煙膏及其實驗	裁判化學實驗	衛生化學實驗	細菌化學實驗	礦植物相關實驗	總實驗件數
1897 年	33	164	10	53	----	11	32	13	----	316
1898 年	40	116	11	18	8	5	17	25	26	266

*此表根據日本公文書館藏檔 A06032532200《臺灣總督府製藥所事業年報》（明治 31．32 年）中之「各種實驗件事比較表」整理而成。

製藥所之所以進行各種相關實驗，並不是為了生產出高質量的煙膏來為臺灣百姓服務，而是另有原因。鴉片具有很強的麻藥作用，這是由於生鴉片中含有 5～15%的嗎啡。將生鴉片中的嗎啡通過化學方法提取而形成的無色結晶，是一種藥劑，有止痛、止咳、鎮靜、催眠等作用，但如果連續使用，也會形成慢性中毒。自從 1805 年德國藥劑師賽路丘納研發出此項提取技術之後，成為藥品的嗎啡即取代鴉片的地位，全世界各大藥廠都對它投注了極大的興趣與關注。

〔註 13〕（日）《臺灣專賣事業年鑒（昭和十二年版）》，臺灣と海外社，昭和十二年，第 180 頁。

〔註 14〕（日）臺灣總督府製藥所，《臺灣總督府製藥所第二年報》，第 100～101 頁。

〔註 15〕（日）臺灣總督府製藥所，《臺灣總督府製藥所第二年報》，第 437～510 頁。

臺灣總督府為了增加財政收入，在製藥所進行了各種相關試驗，其中關於那可汀的實驗，就是為了萃取粗製嗎啡做準備。1900 年後，製藥所萃取粗製嗎啡取得成功後，生產的煙膏中嗎啡的成分便呈遞減趨勢，如 1897～1900 年時生產的一等鴉片煙膏中，其嗎啡成分還高達 10～12%，但到了 1912 年時，其一等煙膏中的嗎啡含量僅有 8%，最多也只有 8.5%。〔註 16〕

值得注意的是，生鴉片一旦被提取嗎啡成分後，其味道就會改變，對癮者來說，就會覺得不夠勁不過癮，這可能會導致吸食量的增加，因此鴉片煙膏中嗎啡的含量，就成為了絕對機密，除了總督府少數人外，連製藥所所員都無從知悉。〔註 17〕而提取出來的粗製嗎啡製成鹽酸嗎啡，又可以高價出售。目前雖然沒有資料揭露其粗製嗎啡給總督府帶來的財政收入有多少，但第一次世界大戰後，以後藤新平人脈發展起來的星製藥，壟斷了臺灣總督府粗製嗎啡，製造的鹽酸嗎啡獲利豐厚，稱霸日本業界。

由於嗎啡是一本萬利的新興事業，日本各大製藥廠紛紛爭取獲得臺灣總督府的粗製嗎啡，但由於星製藥有後藤新平人脈的支持，因此對臺灣總督府粗製嗎啡的爭奪，最後演變成為政治鬥爭，使得粗製嗎啡原料的供應問題，成為當時日本國會內部爭議較大的議題。這種爭議最終導致了 1924 年在後藤新平的政敵——三菱創辦人岩崎彌太郎的女婿加藤高明組閣後，爆發的「臺灣鴉片事件」，使星製藥被告上了法庭。直到這時，臺灣總督府製藥所提取粗製嗎啡的真相才被曝光出來。〔註 18〕

1897 年投入使用的總督府製藥所規模非常大，其生產能力也非常強。從其所需要的職工人數及工作日也可看出其實力。

1900 年製藥所職工人數及工作日表：

月　份	長期工（人）	臨時工（人）	工作日數（天）
1 月	150	3606	24
2 月	150	3761	25
3 月	147	4111	28
4 月	160	3921	25
5 月	160	4465	28

〔註 16〕司馬嘯青，《臺灣日本總督》，玉山社，2005 年，第 128～129 頁。
〔註 17〕司馬嘯青，《臺灣日本總督》，玉山社，2005 年，第 129 頁。
〔註 18〕司馬嘯青，《臺灣日本總督》，玉山社，2005 年，第 131～132 頁。

6月	162	4391	27
7月	159	4304	27
8月	159	3952	24
9月	147	3877	27
10月	153	4135	28
11月	149	3664	26
12月	150	3943	26

*此表根據日本公文書館藏檔 A06031501800《臺灣總督府統計書》第四回（明治 33 年)「製藥所職工及給料月別表」整理而成。

從上表分析來看，總督府製藥所平均每月需職工一般達四千人左右，工作日也平均高達 26.25 日。

另外，這個龐大的毒品製造廠，還受到總督府的格外關照。1898 年時，該所為了提高生產能力，安裝了一部七千瓦特的直流發電機，用於工廠照明，這比總督府官邸及民政長官官邸使用照明還早，是臺灣第一個使用電燈照明的單位。〔註 19〕這一方面反映了總督府對製藥所的重視，另一方面足見殖民地建設的本質是為了攫取經濟利益。

四、製藥所鴉片的製造

鴉片的銷售程序是，製藥所將生產出來的各等級鴉片煙膏，送至專賣局，再由專賣局配布給各地方廳，地方廳再將之出售給鴉片專營承辦人，再由承辦人批發給專賣商，專賣商再將之零售給鴉片吸食者。故製藥所生產出來的鴉片分為三等，即為福膏、祿膏、壽膏，其基本重量為 120 匁，定價分別為 12、9、7 元。1897 年 3 月時，總督府以第十二號公告發布了《阿片煙膏及粉末阿片定價》，將三個等類的鴉片煙膏重量由 120 匁減少到 100 匁，但其定價維持為 12、9、7 元。〔註 20〕

通過鴉片煙膏重量的改變，每等鴉片每個單品減少 20 匁，但其價錢維持不變，這種變相提價的方式，是總督府榨取臺灣社會的一個有力證明。總督府製藥所在明治四十三年再次調整了各種鴉片製品的價格，此後分別在

〔註 19〕司馬嘯青，《臺灣日本總督》，玉山社，2005 年，第 128 頁。
〔註 20〕（日）臺灣總督府製藥所，《臺灣總督府製藥所第二年報》，第 14 頁。

1916年以總督府告示「第六十九號」、1917年府告示「第四十三號」、1918年府告示「第一百零五號」、1919年府告示「一百七十一號」分別將鴉片煙膏的價格進行了大幅度的提價。〔註21〕

	1901年		1916年		1917年		1918年		1919年	
	一等	三等	一等	三等	一等	三等	一等	三等	一等	三等
批發（元）	20,727	12,831	23,688	15,792	27,636	19,740	34,545	26,649	39,480	29,610
定價（元）	21	13	24	16	28	20	35	27	40	29

*以上表中各年中鴉片定量為罐，每罐為一百匁。此表根據《臺灣總督府專賣事業自第十六年至第二十二年年報》第36頁內容整理而成。

鴉片煙膏的生產是總督府製藥所的主業，也是研究日據臺灣時期政策的關鍵之所在。以往的研究中，往往注重於制度層面，主要從當時吸食鴉片人數的數量的減少來說明「漸禁政策」。而筆者認為，要真正清楚地研究臺灣鴉片政策的實質，必須從日據時期鴉片的生產量、銷售價格，再配合吸食人數的增減進行綜合考慮，才能真正說明問題。

非常值得注意的是，筆者查閱第1至第46回「臺灣總督府統計書」，發現總督府製藥所生產的鴉片的數量，只記載統計到第22回，其後就沒有記載。

鴉片煙膏生產量累年統計表（1896～1922年計26間）

等／年	一等煙膏		二等煙膏		三等煙膏		總　計	
	數量（匁）	整裝（罐）	數量（匁）	整裝（罐）	數量（匁）	整裝（罐）	數量（匁）	整裝（罐）
1896	219,637	631	590,317	590	483,420	1,440	1,293,374	2,661
1897	2,209,978	8,474	5,665,431	40,179	31,437,178	224,974	39,312,582	273,362
1898	404,300	5,906	8,225,800	82,339	40,150,000	414,117	48,789,100	502,362
1899	295,527	11,836	15,372,490	149,056	42,686,470	416,095	58,354,487	576,987
1900	5,547,200	49,596	12,609,610	130,754	37,800,300	372,184	55,957,110	552,534
1901	5,208,800	51,902	3,793,050	37,775	25,986,400	228,534	34,988,250	318,211
1902	8,807,150	68,178	1,034,350	11,784	19,011,100	222,572	28,852,600	302,534

〔註21〕（日）臺灣總督府專賣局，《臺灣總督府專賣事業自第十六年至第二十二年年報》，臺灣日日新報社，大正十三年，第36頁。

1903	13,203,000	139,822	68,400	3,387	27,385,450	262,113	40,656,850	405,322
1904	16,351,850	149,886	----	----	22,816,850	244,530	39,168,700	394,416
1905	20,028,850	196,676			24,661,750	229,668	44,690,600	426,344
1906	27,155,900	253,912			16,274,700	164,697	43,902,400*	423,325*
1907	28,916,350	279,128			7,653,200	90,448	36,569,550	369,576
1908	29,074,400	266,417			7,745,700	104,928	36,820,100	371,345
1909	26,610,500	273,780			13,420,350	116,027	40,030,650	389,807
1910	17,732,850	202,085			4,694,950	47,848	22,427,800	249,933
1911	21,971,200	225,953			4,428,900	61,183	26,400,100	287,136
1912	25,618,800	230,477			5,759,000	52,507	31,377,800	282,984
1913	23,698,890	232,869			4,406,150	39,481	28,096,040	272,350
1914	22,479,720	225,793			2,770,250	23,313	25,249,970	260,106
1915	21,761,380	237,672			1,751,200	25,917	23,512,580	263,589
1916	27,115,870	266,606			1,546,300	16,018	28,662,170	282,624
1917	23,514,079	220,741			1,092,250	14,532	24,606,329	235,274
1918	22,249,338	240,790			435,550	4,103	22,684,888	244,893
1919	19,349,359	193,213				----	19,349,359	193,213
1920	15,686,949	172,276				----	15,686,949	172,276
1921	12,571,000	125,571				2,232	12,571,000	127,942
1922	12,997,300	129,973					12,997,300	129,973

*上表中 1906 年鴉片生產總量及總罐數中，包括甲種煙膏 90，050 匁（900 罐）及乙種煙膏 381，750 匁（3，816 罐）。

「臺灣鴉片史上值得稱道的一頁，就是日俄戰爭後臺灣鴉片向關東州的輸出。」〔註 22〕日俄戰爭後，日本從俄國手裏接手了關東州的租借權，開始管理自由港大連，享有兵器、彈藥、爆炸物及鴉片等的特別管理權。當時關東州的鴉片需要量是每年 13,500 至 14,400 瓦左右。臺灣總督府與關東州都督府民政署進行協商，由臺灣向關東州輸出鴉片，由基隆裝船直接運送至大連。由於臺灣產的煙膏與關東州煙膏有所不同，故臺灣總督府製藥所特意製造出適合關東州的甲種與乙種煙膏，以供應給關東州。

臺灣向關東州輸出鴉片起始於 1906 年，實際輸出的鴉片共計有 1,768 瓩（瓩，日本衡器具單位，即千克，後偽「滿洲國」也有使用，1 瓩＝1000 瓦）。

〔註 22〕（日）《物語り阿片志》，第 34～35 頁。

正是由於臺灣鴉片的幫助，關東州才得以確保鴉片專賣制度的確立。〔註 23〕1915 年，在賀來佐賀太郎擔任臺灣專賣局長之時，臺灣又開始向青島及澳門輸出鴉片，此時代被稱為「南門工廠的昌盛時代」。〔註 24〕

鴉片煙膏批發的價格表

等＼年	一等煙膏		二等煙膏		三等煙膏		總　計	
	數量（罐）	金額（元）	數量（罐）	金額（元）	數量（罐）	金額（元）	數量（罐）	金額（元）
1897	4,514	45,062.568	33,372	250237.674	213,019	1,244,475.792	250,905	1,539,776.034
1898	7,455	88,122.828	78,217	693399.024	385,397	2,657,312.315	471,069	3,438,834.167
1899	9,856	116,505.012	141,175	1251514.602	413,953	2,854,204.556	564,984	4,222,224.170
1900	43,291	511,699.620	125,483	1112406.795	378,642	2,610,736.590	574,416	4,234,843.005
1901	46,379	646,766.760	42,941	472688.695	226,905	1,684,685.885	316,225	2,804,141.340
1902	74,210	1,023,355.900	23,641	256150.235	250,744	1,728,879.880	348,595	3,008,386.015
1903	126,438	1,743,580.020	2,346	25418.910	268,342	1,850,218.090	397,126	3,619,217.020
1904	151,594	2,090,481.260	341	3694.735	234,958	1,620,035.420	386,893	3,714,211.405
1905	187,600	2,587,004.000	144	1560.240	234,657	1,617,960.015	422,401	4,206,524.255
1906	233,842	3,224,681.180	90	975.250	159,665	1,169,840.175	403,597	4,395,496.505
1907	269,481	3,716,142.990	----	----	108,099	745,342.605	377,580	4,461,485.595
1908	283,990	3,916,222.100			101,327	698,649.665	385,317	4,614,871.765
1909	278,887	3,807,406.610			126,543	863,875.425	405,430	4,671,282.035
1910	214,189	4,118,615.445			63,270	725,918.310	277,459	4,844,533.755
1911	230,948	4,777,159.380			65,563	724,289.215	287,511	5,501,448.595
1912	224,103	4,635,570.555			48,968	627,035.240	273,071	5,262,605.795
1913	228,622	4,729,046.070			43,768	560,449.240	272,390	5,289,495.310
1914	230,204	4,761,769.740			36,288	464,667.840	266,492	5,226,437.580
1915	256,497	5,316,413.319			28,093	360,461.283	284,590	5,676,874.602
1916	252,673	5,865,889.050			19,274	293,561.436	271,947	6,159,450.486
1917	234,120	6,470,140.320			11,391	224,858.340	245,511	6,694,998.660
1918	203,538	6,535,596.186			4,919	115,168.095	208,457	6,650,764.281
1919	190,341	6,880,273.365			2,448	67,048.984	192,786	6,947,322.249
1920	169,215	6,680,608.200			1,386	41,039.460	170,601	6,721,647.660
1921	151,212	5,969,849.760			1,075	31,830.750	152,287	6,001,680.510
1922	137,488	5,428,026.240			720	21,319.200	138,208	5,449,345.440

〔註 23〕（日）《物語り阿片志》，第 35 頁。

〔註 24〕（日）《物語り阿片志》，第 35 頁。

下表為粉末鴉片批發的價格表：

	1897	1898	1899	1900	1901	1902	1903
數量	720	420	700	915	650	1,020	1,260
金額	72000	42000	70000	91500	65000	102000	126000
	1904	1905	1906	1907	1908	1909	1910
數量	498	500	100	790	200	887	800
金額	49800	50000	10000	79000	20000	88700	80,000
	1911	1912	1913	1914	1915	1916	1917
數量	1,000	800	1,000	900	800	1,760	3,588
金額	100,000	80,000	100,000	90,000	80,000	299,200	609,960
	1918	1919	1920	1921	1922		
數量	6,648	5,799	2,300	2,487	2,150		
金額	2,124,320	2,835,500	1,150,000	1,243,500	1,075,000		

製藥所粉末鴉片是藥用鴉片，只有醫師、藥劑師、藥種商及製藥業者才可以購買。其在最初的價格是以東京衛生試驗所規定的一匁為定量，定價為十錢。1916 年時，總督府以府告示第十三號文件將其定量修改為：第一號為 5 克裝，政府的批發價格為 17 錢，市場定價為 20 錢；第二號為 25 克裝，政府的批發價格為 85 錢，市場定價為 1 元；第三號為 450 克裝，政府的批發價格為 14 元 50 錢，市場定價為 17 元。〔註 25〕雖然此部分的收入與煙膏相比非常少，但也是其鴉片收入的一部分。

小　結

從上述內容分析來看，總督府在漸禁政策還沒有完全確立之時，就開始著手總督府製藥所的官制及生產的研發，並在最短的時間內，生產出大量鴉片煙膏，以滿足臺灣人的吸食，並就煙膏的等級及價格等，進行了制定。另外，除了吸食類鴉片煙膏的實驗、生產以外，總督府製藥所還進行其他方面的實驗。製藥所還就臺灣的地質和氣候條件能否進行罌粟的栽種、鴉片的產出量、何地適合罌粟的種植等進行了調查，以便他日給予鴉片行政上的參考，並決定當年度在製藥所的轄區內劃定一塊土地，購入四種罌粟的種子，進行試栽培。

〔註 25〕（日）臺灣總督府專賣局，《臺灣總督府專賣事業自第十六年至第二十二年年報》，臺灣日日新報社，大正十三年，第 37 頁。

第五章　總督府初期鴉片專賣制度的建構

臺灣吸食鴉片之陋習，最初始自17世紀，經荷蘭人從爪哇傳入，後受來自福建漳州、泉州、廈門等地移民的嗜吸之風影響。清在臺的地方官員和一些有識之士，都積極主張禁絕煙毒。但鴉片為害甚深，已非一日能夠禁絕。1895年馬關議和之時，清全權大使李鴻章，曾以臺灣人吸食鴉片難以禁絕作為理由，反對日本所提出的割讓臺灣的要求。而日方代表伊藤博文向李鴻章誇下海口：「臺灣之地，一旦歸為帝國所有，鴉片煙之禁制，必能奏效」。〔註1〕日本人登陸臺灣後，本不想在臺灣實施完全禁止吸食鴉片，故必須防止在臺日本人沾染上惡習，更恐此毒害傳至日木內地，為此，臺灣事務局就此事對總督府發出照會進行詢問，臺灣總督府於7月6日向各部隊長發布諭示：「臺灣人民軍事處分令」，其中「第一條　臺灣人若有下列行為者，判處死刑。」的第八項中，規定了鴉片相關事項：「給予大日本國軍人、軍屬、其他從軍者鴉片煙及吸食器具，及提供吸食場所者。」〔註2〕同時，將此項處分令的搜查行使權交給憲兵隊長，令其嚴厲執行。由於此命令是針對臺灣人而言之，對日本人沒有法的約束性，故在很短的時間內就出現了日本人吸食鴉片的情況。故總督府11月在「臺灣住民刑罰令」中，加

〔註1〕《關於臺灣島鴉片制度之意見》，《日據初期之鴉片政策》第一冊，臺灣省文獻委員會，1978年，第15頁。

〔註2〕（日）《臺灣総督府諭示集》，JACAR：A06032526900；《5臺灣総督府民政事務報告第五號1》，JACAR：B03041509600。

入相同內容的條款，以禁止日本人吸食鴉片。這樣臺灣總督府成功地防堵了在臺日本人對鴉片的吸食，但對臺灣人民則採取了完全不同的策略，努力尋找合適的法源法規，使鴉片吸食合理化。

一、鴉片專賣基本法源的確定

由於臺灣是日本的第一塊殖民地，其與日本本土，及日本國籍之日本人，在所用實證法律規範上，處於不同的地位。由於日本鴉片吸食鴉片的相關罪則屬刑法範疇，故在臺灣也必須首先在刑法內，進行法源的合理化操作。而臺灣的刑事特別法源，初期是由軍令統治再轉到律令立法，而「六三法」是律令立法之根本法源。律令立法即是委任立法，是指臺灣總督在其管轄區域內，有制定與帝國議會之「法律」具有同等效力之「命令」，此項命令被特別稱呼為「律令」。由「六三法」構建的律令立法制度，可以使臺灣總督在臺灣範圍，得以自行制定法律並督促執行，不必受日本帝國議會的牽制。

1896 年 8 月 14 日，總督府公布律令第四號「在臺灣之犯罪依帝國刑法處斷之律令」，此令云：「在臺灣之犯罪，應依帝國刑法予以處斷之，難以適用於臺灣住民者，依另所定。」〔註 3〕此為臺灣殖民地法制中，最早以律令發布之刑事法源，因而被認為律令刑法之嚆矢。更為鴉片吸食合理化奠定了法源基礎。

鴉片犯罪，在日本是以刑法論處，其刑法與鴉片煙罪相關之基本法條如下：

第二百三十七條　輸入鴉片煙，及予以製造，或予以販賣者，處以有期徒刑。

第二百三十八條　輸入及製造，或予以販賣鴉片煙吸食器具者，處以輕懲役。

第二百三十九條　稅關官吏知情，竟令鴉片國及其器具輸入進口者，依照前二條之刑，並各加罪一等。

第三百四十條　為吸食鴉片煙，提供圖利者，應處以輕懲役。引誘他人，令其吸食鴉片者，亦同。

第二百四十一條　吸食鴉片煙者，處以二年以上三年以下之重禁錮。

〔註 3〕《刑法實施上關於鴉片煙取締之通牒》，《日據初期之鴉片政策》第一冊，第 43 頁。

第二百四十二條　持有或受寄鴉片煙及煙具者，處以一月以上一年以下之重禁錮。〔註4〕

如果按日本的鴉片罪相關刑法條，凡吸食鴉片者都違反刑法，故不能在臺灣實施。臺灣總督府以民總第 513 號，頒布了《刑法實施上關於鴉片煙取締之通牒》，將鴉片吸食合理化：「此次依律令第四號擬公布刑法實施案，惟該刑法第五章第一節，關於鴉片煙部分，如另紙草案，特別定律令，擬於日內發布，惟暫時限於臺灣住民，有關鴉片煙之犯罪，擬不過問。茲奉總督之命，特此通牒。」〔註5〕

總督府以通牒的方式，先將臺灣鴉片吸食罪從刑法罪則中解脫出來。但造成另外的困難，即外國人可以利用此通牒，進行鴉片走私，故總督府民政局給予上述通牒的解釋為：此「係指，臺灣住民吸食鴉片煙者，或持有或受寄鴉片煙及吸食器具者，在各住民相互間，販賣鴉片煙及鴉片吸食器具，或製造鴉片煙等之犯罪而言。殊非指，住民與外人之關係，凡輸入鴉片，或由住民對內地人販賣鴉片煙及鴉片吸食器具，或提供鴉片煙吸食場所房屋等之犯罪，均非此限。所謂限於住民不予過問之義，乃指於住民間之鴉片取締，擬暫緩執行，默認向來狀況之義，為慎重計，重行通牒，敬請查照。」〔註6〕

為防止外國人借機輸入或走私鴉片，總督府臨時制定了《鴉片管理規則》，其主要內容如下：

第一條　禁止輸入或製造鴉片，並禁止培養罌粟。不管採用何等名稱，禁止製造，買賣或授受，含有鴉片成分之賣藥。未得官許，不得持有，或授受，買賣鴉片。

第二條　因鴉片吸煙之習慣，已成癮者，得經醫師證明，並經地方廳向臺灣總督府申請，鴉片購買及吸煙之特許。此時，得給予執照，為鴉片購買及吸煙之憑證。

第三條　購買鴉片或吸煙之際，應攜帶執照。

〔註4〕（日）《臺灣鴉片律令第二號》，臺灣總督府公文類纂，明治三十年第十三卷，甲種永久第六門衛生鴉片。

〔註5〕《刑法實施上關於鴉片煙取締之通牒》，《日據初期之鴉片政策》第一冊，第44頁。

〔註6〕《刑法實施上關於鴉片煙取締之通牒》，《日據初期之鴉片政策》第一冊，第44頁。

第四條　領得第二條規定之執照者，應依下記區別，繳納特許費。
　　一等紅色執照：(得自由購用上中下各種鴉片者)
　　　一個月　三元
　　二等藍色執照：(限購用中等以下鴉片者)
　　　一個月　一元五十錢
　　三等綠色執照：(限購用下等鴉片者)
　　　一個月　五十錢

第五條　僅為供給吸煙場所，擬開設鴉片吸煙店者應經地方廳，申請特許執照。領取特許執照者，每年應繳三元。〔註7〕

總督府通過制定《鴉片管理規則》，將鴉片的輸入、製造及罌粟的栽培等，全部收歸總督府官有體系，將諸外國商社的鴉片經營全部絕斷。另外，將臺灣鴉片吸食者繼續吸食之手續，給予明確規定，即是經醫師證明，並向總督府申請後，方可得到吸食執照。同時，還規定了各類執照的手續費用。

鴉片的製造販賣收歸總督府專營，必須有營業的相關規章制度，故總督府制定了《鴉片銷售營業規則》，其內容如下：

第一條　鴉片，應由官方製造販售之。鴉片販售定價，另行公示。

第二條　凡擬經營鴉片銷售營業者，應經由地方廳，向臺灣總督府申領銷售業特許證。領取特許者，每年應繳款三元。

第三條　營業者，對未持有鴉片購買及吸煙許可執照者，不得售賣鴉片。

第四條　營業者，應備置帳薄，記載原（賣）受額及每日銷售鴉片種類、數量及價格；並應將每月銷售鴉片之種類、數量及價格，限於翌月五日前，向所轄警察官署呈報之。

第五條　營業者，應受鴉片監視員之監視。

第六條　知事、島司得制訂營業者取締細則。

第七條　凡違反第三條、第四條規定者，處以二十五日以內禁錮，或二十五元以下之罰款。〔註8〕

〔註7〕（日）《臺灣鴉片律令第二號》，臺灣總督府公文類纂，明治三十年第十三卷，甲種永久第六門衛生鴉片。

〔註8〕（日）《臺灣鴉片律令第二號》，臺灣總督府公文類纂，明治三十年第十三卷，甲種永久第六門衛生鴉片。

《鴉片銷售營業規則》主要是就鴉片銷售營業給予法的規範，明定臺灣人所吸食的鴉片，其製造販售全部由總督府官方包攬，而凡擬經營鴉片之銷售者，必須經地方廳向總督府申請銷售許可證。此項規定將臺灣鴉片的販賣確定為官有。另外，此規則還對鴉片類營業者進行了具體規範。

為了防止鴉片類犯罪，總督府還以律令的形式，對各類鴉片類犯罪，進行了法條上的界定：

第一條　輸入鴉片或製造者，處以有期徒刑。幫助其輸入者，亦同。

第二條　凡有該當下列各款中行為之一者，處以五年以內之重禁錮，或處以五千元以下之罰款。

一、未以官許，持有鴉片，或吸煙，或為買受授受者；

二、偽造、變造或貸與鴉片購買吸煙特許執照者；

三、製造、買賣、或授受含有鴉片成分之成藥者；

四、未經特許，開設鴉片吸煙店者。

第三條　於前條第一款、第三款之情形，沒收其鴉片或成藥。

第四條　凡有該當於下列各款中行為之一者，處以三個月以內之禁錮，或處以一百元以下之罰款。

一、購買或吸食鴉片購買吸煙特許執照等級外之鴉片者；

二、未攜帶鴉片購買吸煙特許執照，而購買或吸食鴉片者；

三、培植罌粟者。

第五條　於前條之情形，沒收其鴉片或罌粟。〔註9〕

此「律令」將鴉片輸入及製造者，沒有數量之限定，都處以有期徒刑。而對未經官許，持有、吸煙、買授、偽造、變造、貸與、製造、買賣或開設吸煙店者，處以五年之重禁錮，或五千元以下之罰款。而購買特許執照等級外之鴉片者、未攜帶吸煙特許執照而購買或吸食鴉片者及培植罌粟者，全部處以三個月之內或一百元以下之罰款。

此律令及為簡略，其對鴉片相關罪責之刑罰，極為嚴酷，充滿了對臺灣人的鄙視，總督府竟在理由書中，堂而皇之地言稱，如此簡短地起草鴉片取締規則之原因，旨在切合臺灣民度之現狀：「中國人，尤其臺灣土人，均乏理解力，凡連十條以上條章之法律命令，多不易被瞭解；中國人，從未受法

〔註9〕（日）《臺灣鴉片律令第二號》，臺灣總督府公文類纂，明治三十年第十三卷，甲種永久第六門衛生鴉片。

理規則之支配，通常僅三行半之諭令，何等巨額之御用款或租賦，亦有予以繳納之習性；土人對日本法令之繁雜頗有怨言，伊等，唯期有單純之生活；故浩瀚之諸規章，反令伊等有苦於瞭解，竟不能釋然會意之嫌。不僅如此，且因日本之複雜規則，無人能充分加以明確翻譯說明。試回顧東方之文明先驅日本，於維新當時之實況，並無貫連條章之法律命，豈非皆簡易短片之單文？今日臺灣之情形，正如維新之日本，甚至劣下數等之斯民，欲令其遽然瞭解文明規則，豈非緣木求魚？據上理由，臺灣法令，尤其鴉片規則之類者，以用簡易之類者，以用簡易文章為宜。至於製藥以調製鴉片或關於銷售取締規則，自應另以單文起草。鴉片售價應儘量壓低，特許費或加算金，應自吸煙者徵收巨大金額，此一方策，不僅能自然防止走私輸入，且能增加收入，可謂一舉兩得之措施。如今，實施伊始，土人正懼疑究將受何等煩累法令之檢束，此際，以約法三章，簡賅扼要，令斯民知所遵守，為要。惟將時世，分隔階段，按其民度，逐漸發布，較完密法令，乃行政上尤其殖民行政之要訣也。」〔註 10〕

總督府以律令這種特殊殖民地法，將臺灣鴉片吸食合理化，又通過《鴉片管理規則》、《鴉片銷售營業規則》等法的頒布，將鴉片的進出口及銷售納入到國家專賣範疇內，以防止鴉片走私，保證鴉片收入的國家化。

二、鴉片專賣具體法規的制定

總督府以「律令」中刑法的相關解釋，為鴉片吸食合理化奠定基本法源後，開始制定鴉片專賣的具體法規則，以便鴉片買賣程序的具體執行。

總督府首先在律令第二號中，發布了《臺灣阿片例》（自 1897 年 4 月 1 日起開始施行），具體內容如下：

第一條　本例內所指阿片者，即係煙土、煙膏、煙粉之總稱。

第二條　煙膏、煙粉專歸官賣。

民者不准私自進口或製煉，或並未經特許而買賣或授受或備藏阿片或雖不名阿片，尚用阿片原料製成，效同鴉片煙膏之藥物。

第三條　當察看有癮之人，方始特許買吸煙膏，並給牌為憑。

〔註 10〕（日）《臺灣鴉片律令第二號》，臺灣總督府公文類纂，明治三十年第十三卷，甲種永久第六門衛生鴉片。

第四條　凡下開各項營業者，均在特許之時，給牌為憑：

一　承賣煙膏

二　製賣煙具

三　承賣煙具

四　開設煙館

五　發客煙粉

但限以藥劑師、藥種商方可。

第五條　醫師、藥劑師、藥種商、製藥者，則雖不另經特許，亦得將煙粉，備藏或買賣或授受。

第六條　已經第三條、第四條所載之特許者，應納特許稅，其稅額另用府令酌定頒示。

第七條　買吸煙膏或煙館等人，其係已經特許者，方得買備煙具。

第八條　承賣煙膏人如有向無吸煙牌照人，私將煙膏賣與，或交與者，處以有期徒刑，或罰金五千元以下。

第九條　煙館如有向無吸煙牌之人，私將煙榻、煙具、聽其應用者，處以輕懲役，或罰金二千元以下。

第十條　製賣煙具人並承賣煙具人，如有向無吸煙牌人，或無煙館牌人，私將煙具賣與或交與者，均處以輕懲役或罰金二千元以下。

第十一條　如將煙土、煙粉或效同煙膏之藥物，私自進口或製煉者，處以重懲役，或罰金三千元以下。如將煙土、或效同煙膏之藥物，私行買賣、或授受、或備藏者，處以重禁錮四年以下，或罰金一千三百元以下。

非經特許，而將煙粉私行發客者，有非醫師、藥劑師、藥種商、製藥者，而將煙粉私行買賣、或授受、或備藏者，均亦照前處罰。

尚犯以上三項者，應將現存之貨，均行入官，其已經售者，照價追繳。

附　則

第十二條　本例所定出售煙膏、煙粉，並給發特許煙牌等事，不必全島一律舉辦。務須察看情形，先施之一處，而後遞及他處亦可。

第十三條　本例雖經施行之後，如其未經照例給牌，則仍照下開各項遵辦：

A）從前吸慣之人，仍准將煙膏、煙具買備吸用。

B）既開煙膏店、煙具店，仍准依舊營業。

C）既開煙館，仍准依舊營業，並不妨買備煙具。

D）非營業人，而經有備藏煙土、煙膏及煙具者，仍準備藏，或其轉賣營業人均可。

第十四條　凡在給發煙牌而出售煙膏、煙粉地方，除請領特許煙牌者外，所有阿片及煙具，一概繳官，如遇確查有價之貨，即應妥為酌給價錢。

尚犯前項，不肯繳官者，處以重禁錮一年以下，或罰金三百五十元以下，並將所有阿片煙具一併入官，其已售者，按價追繳。〔註11〕

「阿片例」首先明確規定了臺灣總督府鴉片經營中所涉及鴉片的種類為「煙土、煙膏、煙粉」。這三種屬於麻藥範圍內鴉片類「生鴉片」、「醫藥用鴉片」、「鴉片煙膏」、「嗎啡」及「海洛因」〔註12〕五種中的「生鴉片、醫藥用鴉片及鴉片煙膏」類。這表明鴉片種類中的「醫藥用鴉片」、「嗎啡」及「海洛因」三類，不在經營範疇內。《臺灣阿片令注解》中也明確解釋，「本令所定之鴉片首先是指生鴉片，是指由罌粟果實汁得到的被稱為大土小土的鴉片煙膏的原料；第二是指利用生鴉片加蜂蜜調和製成的刑法所謂的鴉片煙膏；第三是指由生鴉片研磨的粉末，即是指藥用鴉片。」〔註13〕但後期總督府製藥所，秘密研製生產「嗎啡」，並秘密出口到中國大陸及朝鮮等地，故言日本在臺灣鴉片漸進政策掩護下，進行國際毒品走私。

其次、「阿片例」還規定煙膏、煙粉為官賣，其在鴉片營銷過程中所涉及到的兩大群體，都需向總督府申請特許牌照，即吸食者要申請吸食牌照，經營者要申請特許經營牌照，且經營者限於藥劑師、藥種商等。

〔註11〕（日）《臺灣鴉片律令第二號》，臺灣總督府公文類纂，明治三十年第十三卷，甲種永久第六門衛生鴉片。

〔註12〕（日）宮島干之助著，《國際阿片問題的經緯（附麻藥略說）》，日本國際協會發行，昭和十年，第123～145頁。

〔註13〕（日）《臺灣阿片令注解》，臺灣總督府製藥所，明治三十年，第2頁。

第三、將《鴉片銷售營業規則》沒有涉及的經營鴉片者所犯之罪，以嚴刑及高額罰金進行明確規定，以防止營業者犯罪。

第四、規定了鴉片營業不需全島同時進行，各區可根據實際情況，漸次實施。

第五、對舊時鴉片吸食者及經營者，可依舊吸食及營業。

「阿片例」規定了鴉片營銷中的基本法，為臺灣鴉片專賣的進行奠定了法源基礎。特別是總督府為保證鴉片專賣制度的順利進行，對一些鴉片犯罪，採取放任之態度。總督府有關「鴉片例」之訓令中明言：「值阿片例之施行，無意間觸犯法條者，為數雖必不少，惟對此等者，不必取立即繩之以法之嚴厲方針，寧以寬大為旨，懇切曉諭其所以犯法之理，以戒其未來為止。若再三諭知，仍無悔改之狀者，或其所為有不得宥恕事者，始執行其應懲之手續為要。各該主管長官，宜奉行前述旨趣，先行訓示其部屬，暫時務其以寬大處置為原則。」〔註 14〕

為了便於「阿片例」的操作，總督府於 1897 年 1 月 22 日又制定了《臺灣阿片例舉辦章程》，就鴉片煙的營銷具體操作內容，進行更細緻的規定，其第一章為「煙膏及吸食」，具體內容如下：

第一條　凡由官煉製發售之煙膏分為三等，列為：一等煙膏（係以大土煉製）；二等煙膏；三等煙膏。

第二條　煙膏係由地方官，特准包辦人，分給各承賣人發售。

第三條　遵照臺灣阿片例第三條，凡中癮者仍欲吸煙，應先就地方官廳指定之醫師診視給憑後，即將該憑隨稟地方官廳，請領特許買吸煙膏牌。

第四條　遵照前條請領煙牌者，應照下開之例，完納牌稅：
一等煙牌（紅色）領有此牌者各等煙膏隨便買吸，按月完稅三元；
二等煙牌（藍色）領有此牌者惟二、三等煙膏聽從買吸，按月完稅一元五十錢；
三等煙牌（黃色）領有此牌者只准買吸三等煙膏，按月完稅二十錢。

第五條　前條牌稅，應照下開四期分完：

〔註 14〕《有關鴉片例之訓令》，《日據初期之鴉片政策》第一冊，第 274 頁。

第一期　自一月至三月，前年十二月十五日為限；
第二期　自四月至六月，該年三月三十一日為限；
第三期　自七月至六月，該年三月三十一日為限；
第四期　自十月至十二月，該年九月三十日為限。
所有新領煙牌者，即上請領之月，遵給一期之稅。如有繳銷煙牌者，不還已納之稅。

第六條　惟三等煙牌之期限，酌宜得緩六個月亦可。但該牌稅仍於領牌之時，全額完納。

第七條　凡欲購買煙膏，或吸食之時，必須隨帶煙牌為憑。〔註 15〕

「煙膏及吸食」部分規定，總督府發售的鴉片煙膏分為三個等級，其發售必須由地方官允許特准包辦人，再分給承賣人發售。吸食者必須在地方官廳指定的醫師檢查驗證發給證明，再上報地方官廳，領取吸食特許牌照，方得購買吸食。而吸食特許牌照根據等級不同，納稅金額也不同，且規定申請牌照納稅的期限。

「阿片例舉辦章程」的第二部分為「賣煙經營並應辦事宜」，主要對總督府指定的煙膏包辦人及承賣人涉及事項進行具體規定。

首先，在煙膏包辦人方面，規定包辦人必須一律按官定煙價發售；官方將一切煙膏，按定價每百元減價一元五十錢發交包辦人，其煙膏，惟憑定價隨繳隨發；發交包辦人之煙膏，每回至少一箱為額。包辦人，除將煙膏發售官准承賣人外，一概不准濫賣；不准零賣未滿一罐之煙膏；不准承賣煙膏，亦不得開設煙館；例應備造流水冊簿，登記由官領出，並每日發售煙膏之種類、數量、價值，以及承賣人之住址、姓名；限定在每月初五，將前月出入的煙膏種類、數量、價值等，呈報於當地警察官署或指定公所。〔註 16〕

其次，在承賣人方面，規定凡欲經售煙膏者，應具稟於地方官廳，請領經售人特許牌照。依前條規定申領牌照者，每年應繳納牌照稅三元。煙膏經售人發售時，應查明煙牌之等級，應依其等級限制售予煙膏，不得濫售。煙膏經售人，應備置帳簿，登記承購以及每日發售的煙膏種類、數量、價值等項；限於每月五日前，應將前月中出入之煙膏種類、數量、價值等，呈報於當地警察官或指定處所。另外，對煙館營業者規定：凡欲開設煙館營業者，應

〔註 15〕《臺灣鴉片例舉辦章程》，《日據初期之鴉片政策》第一冊，第 239～240 頁。
〔註 16〕《臺灣鴉片例舉辦章程》，《日據初期之鴉片政策》第一冊，第 240 頁。

具稟於地方官廳，請領開設煙館特許牌照；依前條規定，申領牌照者，每年應繳納牌照稅三元。〔註 17〕

第三，就藥劑師及藥種商等經營鴉片煙粉業者，進行了規定：藥劑師、藥種商欲批售煙粉者，應具稟於地方官廳，請領批售煙粉之特許牌照。依前條規定申領牌照者，每年應繳納牌照稅一元。醫師、藥劑師、製藥者除供為調劑及製藥之用外，不得擅用煙粉。煙粉，除有醫師之處方藥單，及購用人自具單據內說明數量及住址、職業、姓名並蓋章者外，一概不得擅自買賣或授受。取得煙粉批售特許人，應備置帳簿，登記由官承購，或由他鋪批售人轉購，以及每日發售予醫師、藥劑師、藥種商、製藥者等之煙粉數量及其買賣人之住址、職業、姓名等項。醫師、藥劑師及製藥者，應備置帳簿，登記其購用煙粉之數量及其年月日，以及其賣主之住址、職業、姓名、及其本身銷用之數量等項。〔註 18〕

「阿片例舉辦章程」的第三部分為「鴉片煙具」，其規定為：凡欲製售煙具者，應具稟於地方官廳，請領製售煙具之特許牌照。依前條規定申領牌照者，每年應繳納牌照稅六元。凡欲經售煙具者，應具稟於地方官廳，請領經售煙具之特許牌照。依前條規定申領牌照者，每年應繳納牌照稅三元。第二章及第三章所規定牌照稅，統限於前一年十二月二十五日前繳納。但新開設者，應在領牌之地，即繳納該年度應繳牌照稅，如係於該年十二月二十六日以後開設者，應將該年度與其翌年度牌照稅同時一併繳納。煙具製售人與經售人，均應備置帳簿，登記其每日製售煙具之種類、件數及買賣人之住址、姓名等項。〔註 19〕

「阿片例舉辦章程」的第四部分為「雜則」，規定倘若有將牌照遺失或損壞者，須先到警察官署或指定公所稟請驗訖，再到地方官廳，請領換給新牌。如係損壞者，應將舊牌繳銷。遇有前條等情，或由警察官署或指定公所，應酌宜先給暫用之牌，以俟交換新牌，其暫用之牌，亦與官牌通行並用。遇有下開事宜，須將該牌繳銷於地方官廳，如係本人亡故，應由管財人代繳：一、特許吸煙人亡故，或戒除停吸者；二、特許承賣煙膏人、既開設煙館人，躉賣煙粉人，以及製售煙具人、并承賣煙具人等，收盤歇業之時。各項特許人，遇

〔註 17〕《臺灣鴉片例舉辦章程》，《日據初期之鴉片政策》第一冊，第 240～241 頁。
〔註 18〕《臺灣鴉片例舉辦章程》，《日據初期之鴉片政策》第一冊，第 241～241 頁。
〔註 19〕《臺灣鴉片例舉辦章程》，《日據初期之鴉片政策》第一冊，第 274 頁。

有遷居或更改姓名等事變易於牌照事宜者，即應具稟於該地方官廳，領給憑單，連同官牌，存留備查。惟遷居他縣者，應將牌照隨稟報明於現遷之地方官廳。所有特許承賣煙膏、製售煙具及該承賣人，並開設煙館、躉賣煙粉人等，除限照牌面鋪所營業外，一概不准開設。若欲分開店鋪者，應照本章程各條，另領官牌。第一章、第二章、第三章內所定牌稅，尚期限仍不完納者，自失特許之利權。除本章程外，所有阿片約束細則，應由各縣知事、島司，另行斟酌定頒。

「阿片例舉辦章程」的第五部分為「罰則」：尚違本章程第七條、第八條、第十一條、第十二條、第十四條、第十五條、第十八條、第十九條、第二十條、第二十五條、第二十六條、第二十七條、第二十八條、第三十四條者，並將各牌擅行貸人者，按情應處重禁錮二十五日以下，或科罰二十五元以下。尚違第三十七條者，按情應處拘留十日以下，或科罰一元九十五錢以下。〔註 20〕

三、鴉片專賣實施規則的制定

「阿片例舉辦章程」為鴉片專賣具體操作奠定了法源。但其具體細節問題，還需要一些規則來細化。而財政局對包辦人的提成金提出異議。

煙膏包辦人手續費，擬改為定價之百分之三，似有不妥。試給予定價之百分之一點五之手續費，依本島一年間發售額計算，合計竟達 51,184 元之多。

將之分於七縣，每縣所得手續費 7320 元左右。設每縣配置五人，縣管內面積，平均大約三百九十平方里，東西南北之里程各二十里弱。則等於七十八方里即東西南北各八里餘之範圍人可配置一人之比例。因煙膏包辦人，並不必直接販售，另有煙膏經售人，唯發售於經售人即足，故自數目上言，已不見少。則每煙膏包辦人之年所得額為一千四百六十二元多，鑒諸煙膏包辦業之性質，寧謂失之過多，豈能謂過少？若將手續費提高至百分之三，勢必增加煙膏包辦人人數，人數增加乃致各包辦人之發售額遞減之理，其結果，必導致惡性競爭，犯罪之輩必層出不窮，換言之，國家必受誹言，招來無謂損失反慫恿犯徒，此於施政上，自非穩當之舉。尤其於本島走私進口之風如此之盛，抑低定價，必有助防遏走私輸入，似應減少手續費，以其與走私貨有競爭之餘地。據上理由，擬議將發售手續費改為百分之三之節，本部礙難

〔註 20〕《臺灣鴉片例舉辦章程》，《日據初期之鴉片政策》第一冊，第 242～243 頁。

同意。

其手續費如下表：

種　類	斤　量	發售定價	定價之 1.5%
一等	26,750	294,250.000	4,413.750
二等	115,200	921,600.000	13,824.000
三等	337,913	2,196,434.500	32,946.518
合計	479,863	3,412,284.500	51,184.268

鴉片專賣制度，在日本國內沒有前例，故殖民統治者沒有實務上的經驗，為了使政策順利執行，並對執行過程進行有效監督，總督府於 1897 年 4 月，以「內訓第十九號」頒布了「阿片監視規則」，將監督過程交給警察，其內容如下：

第一、警察部警察課及警察署及警察分署制定阿片監視員及阿片監視員補，進行鴉片相關監視檢查。監視員由警部充任，但可由巡查部長任命；監視員補由巡查充任。

第二、監視員及監視員補秉承上官之指揮，處理所屬管內之阿片警察相關之一切事務的處理，且嚴密監視。

第三、制定監視員及監視員補服務的方法及注意事項。

第四、憲兵屯所所轄的監督方法手續與憲兵隊長協議之後，依照前條項制定。

總督府還令各廳自行制定「鴉片監視員服務心得」，但其必須遵守的宗旨為：

一、研讀鴉片法以利實地應用。

二、對各鴉片吸食特許者，教育其保持公共衛生。

三、為預防鴉片相關犯罪於未然，要極力進行說教且警示其不可違法。〔註 21〕

「阿片監視規則」就是為達成上述之目的，技術操作上需要一定的統計的及非統計的監查。其所規定的統計上的監查為：需要時時統計日常鴉片營業特許者的增減、阿片煙膏吸食特許者的增減、阿片煙膏及粉末阿片批發及販賣量的增減、阿片相關犯罪種類及犯罪者的增減、阿片煙膏吸食特許者及

〔註 21〕《臺灣鴉片制度要旨》，臺灣總督府製藥所，明治三十年，第 39 頁。

死亡廢煙者年紀等鴉片相關情況。非統計的監查範疇為現行律令、府令、縣令的實施狀況。〔註 22〕

總督府又於 1897 年 3 月 6 日府報上，頒布了訓令第十七號《阿片煙膏吸食者及營業者特許發放明細及獲得人氏名報告書樣式》，規定在 4 月 15 號之前，要各申領煙膏購買吸食、煙膏經售、煙具製售、及其經售、煙館及煙粉批售各類特許牌照者之明細，及煙膏包辦人之姓名等，依照總督府制定的格式，以一個月為限，下月十五日前報給民政局長。〔註 23〕

總督府以衛發字第一九二號，發布了《臺灣阿片例施行手續》，內容如下：

一、阿片例第十四條規定，除請領特許牌照者外，各人所有鴉片及煙膏、吸食器具，應繳於官。此所謂特許牌照，係指各人所有效牌照，除其牌照上面所記載者外，應悉繳納於官之外，但如生鴉片，依性質，自當令悉繳官外，其餘如吸食器具，則不妨暫時付之不問。

二、按鴉片例舉辦章程，發給煙膏購買吸食特許牌照時，凡以中癮者之故申領者，年逾二十歲者，不論男女，均應發給之。

三、對領有牌照者，應儘量予以方便，藉以去其危懼之念為要。遇有無照購吸者，應加曉諭，並勸其申領牌照。

四、應事先偵察有吸食煙膏習慣者，如發現其未申領牌照，或一家吸食者有數人，其中有一人未領照之情形時，仍應依前項予以勸諭。

五、應經常留意是否有走私輸入事情，一有其形跡，則應密加搜索，或有私自製售煙膏之疑時，亦同。

六、依鴉片例舉辦章程第三條規定，令人民請領牌照，於施行之初，可不沿普通手續，聚集申領者於最近處所，令各該官吏、公醫或醫師出差於該處，俾辦發照手續，悉取簡便之法，以不擾民為原則。

七、下記營業，以原有鴉片從業者為限，發給牌照：（一）煙膏經售業；（二）煙具製售業；（三）煙具經售業；（四）煙館業。

八、煙膏經售、煙粉批售、煙具製售及經售、煙館特許等之數目，應擬定一定區域若干名，除擬定數目外，非有特許事由，以不再發照為原則。但擬定數目，應行報備。

〔註 22〕《臺灣鴉片制度要旨》，臺灣總督府製藥所，明治三十年，第 39 頁。

〔註 23〕（日）《臺灣阿片令注解》，臺灣總督府製藥所，明治三十年，第 36 頁。

九、煙膏包辦人，應就原有從業者中，擇身份可靠者，任命之。其數，仍應依前項報備。

十、依鴉片例舉章程第四十五條規定，已失效之特許牌照，應立即弔銷之。

十一、各種特許牌照，應於欄外空白，明記廳名，以示明為該廳所發給。

十二、於鴉片例舉辦章程第十四條、第十九條、第三十四條、及第三十五條條文中所謂「指定官署（公所）」，係為謀住民之方便，於遠離所轄警察官署之地，特指定其方便之官署（主為其就近憲兵官署），令其處理各該條之申請事宜之意。〔註 24〕

3 月 5 日，總督府又發布了對公醫的通告，規定：依臺灣阿片例舉辦章程，鴉片中癮者應由臺灣公醫出具證明，其證明手續，規定中另記。其同時發布的《鴉片中癮者證明手續》內容如下：

一、阿片例施行伊始，凡年滿二十以上，有鴉片吸食習慣，且欲繼續吸食者，不論男女，均應發給證明。前項證明，並不需經過精密診斷。

二、第一項之證明，應出差於該管官吏所指定之場所，於該管官吏立會之下為之。

三、年未滿二十歲者，不得予以證明。

四、不得因出具證明收受酬禮。

五、於鴉片例施行後之同項證明，應經該管官吏之承認後，得予以證明。〔註 25〕

同時，總督府還在《鴉片中癮者證明手續》中附主管鴉片的官吏名單，其主要人員如下表所示：

地　區	官　吏　名				
臺北縣	安形藤太郎	境直家	吉池勇	加治木敬介	松井滋雄
	河喜多宗碩	杉田平助	中谷應慶郎	村部源治	久恒忠治
	安藤行藏	西野久衛門	野部誠之	中村富藏	下村誠之
	祐木誠一郎	相澤千代吉	鴛海悌三郎	椎原正一	豐田武市
	中西謙輔	小汀寬一	鈴木犬次郎	吉田音以郎	獲原一熊

〔註 24〕《有關鴉片例之訓令》，《日據初期之鴉片政策》第一冊，第 257～258 頁。
〔註 25〕《有關鴉片例之訓令》，《日據初期之鴉片政策》第一冊，第 261 頁。

	兒玉匡	西錢	野田泰治	天野十郎	田中祥十
	松山五北郎	渡邊雅	內山雅夫	里見乙三郎	掘京平
	吉村要賢	兒玉右次郎	本多清	仁木寬太郎	河仙新太郎
	加納龍太郎	石井馨			
臺中縣	田中彌吉	大野津雲	山中度次	氏家匡介	原口養民
	馬渡覺二	小山陽三	栗原傳次郎	久野養	梅山奇久一
	藤井兼一	中野正	阿部兵熊	橡木砿太郎	山本保成
	山田四郎	村崗公良	長田伊佐	横山次郎吉	葉佐喜貞
	福田作男	西村魁太	西義三郎	作花綱次	菅野岩
	掘越邦正				
臺南縣	河野敏藏	武木新吾	片桐為彌	西野內政次郎	中島岩吉
	杉山直吉	野間實義	關川安次郎	金丸貫一	檜前謙造
	長谷川語策	森田志	奧田祥太郎	鈴木虎雄	花新發直意
	稻田清淳	真鍋隆三郎	鈴木重信	高橋治	長田亙
	長谷川美龜	中島嘉一郎	山本注連太	平田驅馬尾	日下秀明
	美野辰治				
澎湖島部分	向井震太郎	林卜芥			

總督府還就阿片例舉辦章程第六條進行解釋：此條「係對無固定住所之細民，如同第五條之規定，定期徵收規費，事實上不可能，故規定牌照之有效期限，預先徵收其規費，俟期滿，仍欲繼續吸煙者，再令其中申領之立法精神而規定者，是故，勿令其適用範圍，失之過廣，對有固定住所者，切勿適用第六條之規定。」〔註 26〕

另外，總督府對鴉片牌照稅進行了具體的規定。以訓令「第一八號」公布了《鴉片牌照稅徵收注意事項》，內容如下：

第一條　地方廳應依另紙格式備造「鴉片牌照稅底冊」。

第二條　前條特許費臺帳，應歸財務課管理，應為牌照稅費徵收之源簿。

第三條　於警察課，新行發給特許牌照時，應將其種類、等級及特許人住址、姓名，通報於財務課。財務課於接到前項通報時，應將

〔註 26〕《阿片例舉辦章程第六條之適用範圍》，《日據初期之鴉片政策》第一冊，第 265 頁。

其登記於牌照稅底冊，並應立即辦牌照稅之徵收手續。

第四條　新頒特許牌照之際，應先認定特許費已徵收之證後，始發交於申領人。

第六條　於警察課發給特許牌照之際，應將其牌照號碼及年月日通報於財務課。財務課則應將其登記於特許臺帳。

第七條　屆繳納期，應徵收牌照稅時，應經其所轄警察官署，將繳納通知書交予繳納人。

第八條　需出差徵收時，應區劃地方，於臺灣鴉片例舉辦章程所定之繳期內，限其地方廳指定適宜之繳納日，並應告示其繳納日期及出差徵收場所。於前項之情形，仍應依前條手續，預先發放繳納通知書。

第九條　即使逾越前條繳納期限，於臺灣鴉片例舉辦章程所定繳納期間，仍應徵收。

第十條　於繳納期間內未繳納牌照稅者，應立即自牌照稅底冊予以刪除，並應通報於警察課。

第十一條　下列事項，應由警察課通報於財政課，於財政課，則應近動態時時加以更正牌照稅底冊：

一、為牌照之換領或補發時，該牌照之號碼、年月日、特許種類、等級、特許人住址、姓名，舊牌照之號碼、年月日及換領或補發之事由。

二、受理牌照之繳銷時，該牌照之號碼、年月日、特許種類、等級、特許人住址、姓名，舊牌照之號碼、年月日及死亡或戒廢等之事由。

三、因遷居或改姓名等於牌照上之登記事項發生變動時，該牌照之號碼、年月日、發生異動年月日，特許種類、新舊住址、姓名，及遷居或改姓名之事由。

第十二條　於前條之遷居，若所管地方廳不同時，應將牌照號碼、年月日，特許種類、等級、新舊住址、姓名、遷居年月日及是否已繳納當期牌照稅等，通報於遷入地所管地方廳。

第十三條　遷入地所管地方廳，於接受前條通報時，應如式登記於牌照稅底冊，並將其旨回報於遷出地所管地方廳。遷出地所管地

方廳，於接受前項回報時，應將其自其臺帳刪除。〔註 27〕

總督府還為此制定了一般的「凡例」：

一、鴉片牌照稅底冊，依下列種類、復分堡、裏、社、澳別設帳。煙膏購吸牌照稅底冊，應再以等級別設置。但特許人多者，則分保、裏、社、澳等數冊，僅少者則以數堡、裏、社、澳合成一冊亦不妨：

（一）煙膏購吸牌照稅底冊

（二）煙膏承賣牌照稅底冊

（三）煙館牌照稅底冊

（四）煙粉躉賣牌照稅底冊

（五）煙具製售牌照稅底冊

（六）煙具承賣牌照稅底冊

二、各種牌照稅收底冊，應按莊、街標箋，若為數堡、裏、社、澳合冊時，並按其堡、裏、社、澳附標箋，以便索閱。

三、牌照之換發補發，應於各該欄記入其號碼、年月日，改姓名者，應於原姓名劃紅線，於其傍記其新改姓名，並於其事由欄，記載其年月日、及事由。

四、遷居者，應編入其遷居莊街，於其事由欄記載年月日及由某莊街遷入。遷出莊街部分，於其事由欄記載年月日及遷出至某莊街，並於其上部蓋消印。

五、繳銷牌照者，應於其事由欄記入繳銷年月日及死亡、廢業、戒煙等事由，並於其上部蓋消印。

六、發給六個月有效牌照者，應於其事由欄記載其期限，並將首期繳額及每期繳額欄，用斜線劃消。

七、屬於各種營業之牌照稅底冊，其首期繳額及每期繳額欄，均用斜線劃消。〔註 28〕

3 月 12 日，總督府以訓令「第十二」發布了《煙膏及煙粉處理手續》，就鴉片的取得進行了具體的規定：

〔註 27〕（日）《鴉片牌照徵收注意事項訓令》，明治三十年第十三卷，第 268～269 頁。

〔註 28〕（日）《臺灣阿片令注解》，臺灣總督府製藥所，明治三十年，第 43～48 頁。第 267 頁。

第一條　煙膏及煙粉，應由臺灣總督府製藥所，送達各地方廳。

第二條　煙膏及煙粉，有所短缺時，應由地方廳申請於製藥所。

第三條　地方廳應依下開格式製備鴉片出納表，於翌月五日為限，發送其地，呈報於臺灣總督府製藥所。

第四條　製藥所與地方廳之間之煙膏及煙粉搬運費，應由製藥所負擔，地方廳與包辦人或承賣人之間之運費，應由包辦人或承賣人負擔之。〔註 29〕

總督府以民總「第三二七號」及藥發「第七二號」，制定了《鴉片定價及其處理手續》，規定：「於製藥所製煉後，應發售之煙膏定價，請以下記標準訂定為禱。」

具體為：

一等煙膏（福煙）一罐 120 錢（一二兩），定價 12 元。

二等煙膏（祿煙）一罐 120 錢（一二兩），定價 9 元。

三等煙膏（壽煙）一罐 120 錢（一二兩），定價 7 元。

煙粉一瓶一錢裝　　十錢。

煙粉一瓶二錢裝　　二十錢。〔註 30〕

煙膏一罐之成本價格中下表所示：

種　類	原料費	製雜費	合　計
一等煙膏	8.883	0.62	9.503
二等煙膏	5.791	0.62	6.411
三等煙膏	5.282	0.62	5.902

值得注意的是，煙膏定價是指從製藥所到批發商的第一次轉手的價格，而從批發商到吸食者增加吸食稅，其加稅後的為煙膏價格，一等煙膏增加 2 元；二等增加 2 元；三等增加 1 元。由於總督府的鴉片稅極高，故致使一等、二等吸食申請者很少，而三等吸食申請者眾多。以臺灣縣為例，在第一次網羅的 13551 人中，一等吸食者只有 29 人，二等為 163 人，三等吸食者則高達 13359 人。〔註 31〕

〔註 29〕《鴉片定價及其處理手續》，《日據初期之鴉片政策》第一冊，第 272 頁。

〔註 30〕《鴉片定價及其處理手續》，《日據初期之鴉片政策》第一冊，第 272 頁。

〔註 31〕《臺北縣知事關於鴉片制度之建議》，《日據初期之鴉片政策》第二冊，第 2

四、各地鴉片制度的確立

總督府各種鴉片專賣相關法源及操做法條頒布後，將鴉片專賣制首先實施於臺北縣。由於當時臺灣各地抗日運動不斷，總督府認為：「雖經奉發布鴉片例在案，惟暫時，擬實施於全境，似有困難，於是，擬擇定臺北城內及大稻埕、艋甲兩市街，先行實施，以左開區域為限，請自四月一日起，頒令實施為禱。」〔註 32〕總督府於 3 月 17 日，以告示「十三」號發布：「依據臺灣鴉片令第十二條，於 1897 年 4 月 1 日起，在臺北縣臺北市街（大稻埕、艋甲）下記地方實施申領鴉片煙膏及粉末鴉片買賣特許。」〔註 33〕

總督府以內訓第十三號發布：《阿片癮者網羅方針》：「依照府令第十號臺灣阿片令施行規則改正的要旨及從前特許金及徵收法，不容易網羅到阿片癮者情況發生時，則可只交納一次吸食特許費，以便網羅到癮者，以期達到阿片令最大目的，故各地方官應體恤此深意，自現在起著力於本令的普及，此際儘量將癮者網羅無漏，同時今後再無密吃者。當然各種管制完成後，漸次減少阿片毒害，以貫徹本令之精神。」〔註 34〕

總督府又以總第六八五號（1897 年 3 月 5 日），由總務部長發給公醫的通達，即為《阿片癮者證明手續》，規定：

一、於阿片令施行之初，凡年滿二十歲以上，有吸食阿片煙癮習慣，尚望繼續吸食者，不論男女，給予證明。

二、第一項之證明，該當官吏指定的場所，得給出證明。

三、凡年紀未滿二十歲者，不給予證明。

四、開取證明之時，不能收授謝禮。

五、阿片令施行後當該官吏也可給予承認證明。〔註 35〕

為確保鴉片運輸的安全，總督府以「民總第六十七號」「藥發第一五一號」發布《煙膏輸送之際應由警察官戒護》之件，規定：

一、裝卸於汽船、火車之際，惠予戒護。

二、陸路搬運之際，每區請遞次派出巡查，作途中戒護。

～3 頁。

〔註 32〕《於臺北縣臺北施行鴉片例》，《日據初期之鴉片政策》第一冊，第 277 頁。

〔註 33〕（日）《臺灣阿片令注解》，臺灣總督府製藥所，明治三十年，第 43～48 頁。第 48 頁。

〔註 34〕（日）《臺灣鴉片制度要旨》，臺灣總督府製藥所，明治三十年，第 39 頁。

〔註 35〕（日）《臺灣鴉片制度要旨》，臺灣總督府製藥所，明治三十年，第 48～49 頁。

三、製藥所派遣人員需投宿之際，煙膏請寄放警察署或分署內，惠予保護。若署內狹窄，無容置煙膏餘地，需放置於旅舍等處時，請派遣巡查為之守備。

四、於前各項情形，應預先由製藥所通知聯絡其方便，或由派遣員直接請求之。〔註36〕

第二塊實施鴉片專賣制度的區域為臺中地區。總督府以「民總第八二二號」：「請於臺中、苗栗、彰化、鹿港四市街，惠予實施阿片例。」〔註37〕

第三塊為臺南縣所轄的臺南及安平：「出示通曉事，照得臺灣阿片例，業經出示曉諭在案。茲照該例第二十條，將告示第十五號限定臺南、南安平兩地方，自明治三十年五月初一日開辦，應行出售煙膏煙粉，並發給特許煙牌，為此示仰各煙業鋪戶，吸煙人等，一體知悉遵照毋違。」〔註38〕同日，總督府還在淡水、基隆及新竹三地實施新鴉片令。

總督府雖允許臺灣人吸食鴉片，但對外國人絕對禁止。「按阿片例，凡吸煙者，只准在籍為帝國之臣民，方可吸食。其一切外國人不是我籍者，均令寄寓雜居地域內之後，其阿片一節，概不准吸食。」

1897年4月24日，發布民政局長通達「民總第六〇七號」，由製藥所所員向各地方廳運送阿片煙膏之時，其管內各地警察官，依據下記各項，給予保護：

第一、汽船汽車等裝載及卸載之時，給予該阿片煙膏管理人保護。

第二、陸路運輸之際，每區遂次派出巡查，保護途中該阿片煙膏管理人。

第三、阿片煙膏管理人有請求之時，阿片煙膏可放入警察官署，讓管理人宿泊，若署內沒有餘地，需要宿泊於旅舍之時，派遣巡查保護管理人。

第四、前各項之場合，製藥所要預先通知，或管理人直接請求。〔註39〕

〔註36〕（日）《臺灣阿片令注解》，臺灣總督府製藥所，明治三十年，第43～48頁。第51頁。

〔註37〕《於臺北縣臺北施行鴉片例》，《日據初期之鴉片政策》第一冊，第277頁。

〔註38〕《於臺南縣轄臺南及這平施行鴉片例》，《日據初期之鴉片政策》第一冊，第279頁。

〔註39〕（日）《臺灣鴉片制度要旨》，臺灣總督府製藥所，明治三十年，第49頁。

五、鴉片吸食者的網羅

鴉片專賣制度自 1897 年 4 月 1 日起，正式在臺灣全島實施，同年的 12 月底，鴉片令已經基本實施於臺灣全島。當時領取吸食特許牌照的人數有 95,449 人，這與原先所預定的十七萬人，只有預想的半數。〔註 40〕

鴉片專賣制度雖然已經在全島實施，但特許吸食申請的工作卻不十分理想。總督府為盡快達到計劃網羅人數，開始調查其原因，最後認定其主要原因為「稅法不適宜民情」:「依一般條理推考，直接稅與間接稅，在徵收上孰為困難？除特殊情形之外，自以間接為便，直接為否。徵之，在內地，欲將煙草稅酒稅直接賦課於吸飲者之困難一節即甚明。但如將其課徵於其製造者及販賣者，則輕而易舉，且可減少不少手續與經費，稅收且反而增加。何況本島住民性情吝嗇，不諳稅法，比起內地貧富懸殊，語言不通，且尚有諸多不便之處。」〔註 41〕

總督府隨後於評議會就吸食牌照稅的修改進行了諮詢。隨後於 1898 年 3 月，修訂了「臺灣鴉片例舉辦章程」，及鴉片煙膏的定價，其要旨為:「廢止吸食特許牌照之等級，特許費僅徵一次三十錢，已經領有牌照者不再徵收。」〔註 42〕

在總督府的努力下，到 1900 年 9 月底，基本完成了鴉片吸食者的登記工作，共計發出吸食特許牌照 169,064 張，這與鴉片事項調查書中估計的十七萬人數基本相當。但總督府並不滿足於這個數字，為了獲取更大經濟利益，又以訓令「第一百十號」訂定了「鴉片牌稅底冊整理手續」，並於 1902 年 1 月 20 日起，以第一次登記的特許吸食者為基礎，設定一個月的期限，更換吸食者的特許牌照，做成「鴉片吸食者名簿」，這期間，總督府又網羅到鴉片癮者 5,187 人。〔註 43〕

1904 年時，正當日俄戰爭期間，臺灣總督府又以經常得到檢舉為名，認為有大量潛在癮者的存在，於同年 10 月至次年 3 月，開始第三次的癮者的網羅工作。劉明修的研究者認為，總督府之所以進行第三次網羅，是因為「過

〔註 40〕（日）《臺灣阿片志》，第 335 頁。

〔註 41〕《臺北縣知事關於鴉片制度之建議》，《日據初期之鴉片政策》第二冊，第 4 頁。

〔註 42〕《府會第十號修正臺灣鴉片例舉辦章程及其他內訓》，《日據初期之鴉片政策》第二冊，第 28 頁。

〔註 43〕（日）《臺灣阿片志》，第 242 頁。

去登錄鴉片癮者均以年滿二十歲為實質條件，未滿二十歲的吸食者則須被下令強迫戒癮，因此他們就成為潛在的非法吸食者。」〔註 44〕筆者認為，這是其中的一個重要原因，但提高鴉片的經濟收入才是最重要的原因，另外，由於日本政府在臺灣募集軍夫到日俄戰爭的戰場，由於鴉片癮者是不允許入伍，故許多年輕人為了逃避兵役，紛紛提出吸食鴉片特許的申請，故第三次申請登記的人數竟然高達 30,543 人。

總督府的第四次網羅鴉片吸食者非常特別，即採取刑事拘捕的方式。總督府從 1908 年開始，以警察力量在全島搜查秘密吸食鴉片者，至 3 月底，共計逮捕非法吸食者 17,459 人。在這些人中，證據不足而僅告誡者只有 1,355 人，而被懲處者高達 16,014 人。在這部分人中，希望繼續吸食者，總督府均給予吸食鴉片特許牌照，並登記於鴉片癮者名薄中，總計為 15,863 人。〔註 45〕

下表為劉明修在《臺灣統治與鴉片問題》中歸納整理的各次特許牌照發放數量表：

回　次	時　期	人　數
第一回	1897 年 4 月～1900 年 9 月	169,064
第二回	1902 年 1 月～1902 年 2 月	5,187
第三回	1904 年 10 月～1905 年 3 月	30,543
第四回	1908 年 1 月～1908 年 3 月	15,863
合　計		220,657

從上表分析來看，從總督府開始實施所謂的「漸禁政策」後近十年，不遺餘力地網羅鴉片吸食者，經過四次登記工作，已經收羅到 220,657 人次的鴉片吸食者，遠遠高於原先所預計的人數。這也從另一方面證明其所謂「漸禁」並沒有積極實行，只是榨取經濟利益的藉口。

小　結

綜上所述，臺灣總督府通過鴉片專賣基本法源的確定，為鴉片專賣具體法規的制定及鴉片專賣實施規則的制定奠定了基礎，使鴉片專賣制度得以

〔註 44〕劉明修著、李明峻譯，《臺灣統治與鴉片問題》，前衛出版社，2008 年，第 105 頁。

〔註 45〕《臺灣阿片志》，第 253～254 頁。

快速順利地在臺灣全島確立起來，又通過四次鴉片癮者的網羅，收羅到了大量滿足這種鴉片經濟模式的消費者，使殖民地鴉片經濟步入到正常運行的軌道。

第六章　日據臺灣初期降筆會的禁煙抗爭

日據臺灣時期總督府的鴉片政策，是日本殖民榨取臺灣最顯著的特徵之一。日本對其本國，早就發布禁煙令，並訂有刑典，與各國之間亦訂有禁止政府以外之鴉片輸入的條例。但其殖民地臺灣，在巨大的經濟利益驅動下，卻以「仁慈恩典」為名，於 1896 年確立了所謂鴉片「漸禁專賣制」，在臺灣公開出售鴉片毒品。至 1900 年時，在民政長官後藤新平的努力下，終於網羅到基本達到計劃內的鴉片癮者。而此時期也正值各地武裝反抗鬥爭，在日本憲兵及警察殘酷高壓下，基本被鎮壓為寒蟬噤聲，而臺灣人民心中隱藏的仇恨，不敢也不能公開表達，便以中國傳統的宗教「降筆會」的形式，設堂扶鸞，一方面祈求神靈垂降示方救世，一方面藉以代天宣化安定人心。加以鸞堂對戒除鴉片頗具效果，各地鸞堂所主導的戒除鴉片運動就應運產生，並因應需求出現蓬勃發展之象。鸞堂之戒煙，主要針對總督鴉片專賣制度。初期降筆會的禁煙活動，以臺中縣為中心，迅速擴展到南臺灣。而此時期正當鴉片事業走上正軌，經濟價值顯現之時。飛鸞降筆會的戒煙反對運動，給總督府的鴉片政策很大的衝擊。使「總督府非常震驚，在臺南縣開始壓制，運動雖最終被迫潰散，但此運動卻成為總督府專賣局官吏的夢魘。」〔註 1〕

〔註 1〕（日）《臺灣阿片專売制の展開過程》，《社會科學研究》第 44 卷第一號，早稻田大學アジア太平洋センタ，1898 年 9 月 30 日，第 1 頁。

一、飛鸞降筆會的性質及傳入

降筆會的禁煙活動開始於 1901 年前後，該會以中國傳統信仰為宗旨，依靠宗教力量來醫治疾病。武裝反抗日本殖民統治者的鬥爭的失敗，使臺灣人的反抗情緒積悶在心中。降筆會一方面信仰中國的傳統神明，使人們的精神有所歸宿，另一方面，藉以戒除長期吸食鴉片的癖好，又可以反擊日本殖民統治。於是活動以臺中縣為中心，迅速席捲臺灣南部，參加者眾多，並持續出現大量戒除鴉片癮者，使飛鸞降筆會形成了漫及全島的禁煙運動。

1. 臺灣人的禁煙史

臺灣吸食鴉片之風已經很久，依據《臺海使槎錄》記載，康熙末年時，臺灣已專門設有鴉片煙館，土人群聚吸之，索值數倍於常煙。1858 年臺灣開港後，至 1894 年割臺之前，每年都以鴉片為最大宗之進口貨品，幾乎占臺灣進口總金額之一半。自 1865 年至 1874 年這十年間，臺灣進口之鴉片，平均每年是 193,000 斤。其後至 1884 年，二十年間平均達 470,000 斤。而 1881 年，竟達 588,000 斤。〔註 2〕故自清代雍正朝以來，戒煙就成為臺灣社會的一種風尚，社會流傳著一些禁煙布告，還有一些傳世的戒煙詩或歌謠。除此以外，為了減少鴉片吸食量，用鴉片煙灰與其他物質混合，「改煙丸」、「戒煙丸」等各種戒煙藥也十分流行。

在 1848 年時，臺灣出現過所謂的「禁煙公約」，主張戒除鴉片煙，其內容如：「外洋煙土，殘害中國生靈，稍有人心者，無不切齒痛恨，我朝深仁厚澤，中外同享太平之福。我今百姓，窮者窮，死者死，夷人發財得意，是販煙吃煙，皆助夷以害人且自害，以從夷興反叛何異？公議：自本年 11 月 1 日，立限兩月，大眾洗心改悔，咸與維新，限滿以後，先請文武官長，查察衙署內外人等，之及紳商士民。聞夷人吸食，夷酋首即殺之，並夷鬼之不如，而中其利己害人之計，至死不悟，為國家大患，人人得而誅之，此約。」〔註 3〕

此外，當時還有流行於全臺的紳民公約：「惟共嚴鴉片之禁，我百姓有吸煙者，與為娼同，有賣膏者，與盜同，有販土者，與謀反同，大家齊心告戒，勒限禁止，萬人一心，奸民絕而夷鬼遁，我朝百姓，子子孫孫，萬年太平之福

〔註 2〕黃叔敬，《臺海使槎錄》，第 43 頁。
〔註 3〕郭譽孚著，《自惕的主體的臺灣史》，汗漫書屋籌備處，1998 年，第 24 頁。

也。此約。」〔註4〕

由以上內容分析可見，戒除鴉片煙癮，一直是臺灣人民努力的方向。而降筆會在臺灣開始戒煙活動的時間，根據臺灣學者王世慶的研究，有「康熙四十（1701）年代說」、「咸豐三（1853）年說」、「同治六、七（1867、1868）年說」、「同治九年（1870）說」、「光緒十九（1893）年說」。〔註5〕而根據《臺灣總督府事務成績提要》（第七篇）的記載，降筆會在臺灣的出現，是在1888年或1889年。「光緒十四五年時，澎湖島住民許太老，將此法傳授給宜蘭廳下頭圍街的楊士勞。當時降筆會的目的，是祈禱求得神明的指示，求得投藥之處方。」〔註6〕「成績提要」還記載，降筆會是由澎湖最先開始的，其最早是以宗教信仰方式來醫治疾病。鴉片煙癮，也屬於疾病的一種，故用來進行戒煙。

根據郭譽孚在《自惕的主體的臺灣史》中的記載，在清朝時代，降筆會用於戒除鴉片煙癮，已經取得過很大的成效：「飛鸞會之戒煙風氣頗盛，在光緒26、7年當時，勢如燎原之火。光緒27年，南北信徒，大見增加……全省戒煙情形如下：臺南、鳳山、東港、阿緱、蕃薯偺、大目降、麻豆、鹽水港及嘉義等九所，………依光緒27年9月底調查，戒絕煙癮者37,072人中，由飛鸞降筆會戒絕者達34,370人。」〔註7〕所以，臺灣的鸞堂，在歷史上就與戒除鴉片煙癮有直接的關係。這也體現在鸞書賦中，出現不少以戒煙毒為其題材內容，如宜蘭喚醒堂之《渡世慈帆・戒洋煙賦》，即是藉孚祐帝君登鸞降筆，以反覆強調鴉片為害之大之深之廣，以告誡世人遠離其毒害為主題。苗邑二湖莊重華堂的《達化新編・戒洋煙賦》，是藉南宮孚祐帝君登鸞降筆，闡述鴉片之害，呼籲世人及早醒悟。〔註8〕

2. 降筆會的性質

臺灣各地降筆會的戒煙，主要是借助於「鸞堂」。鸞堂亦稱鑾堂、乩堂、鑾生堂、善堂、感化堂、仙壇、勸善堂等，又稱為「儒宗神教」，其信仰的

〔註4〕郭譽孚著，《自惕的主體的臺灣史》，第24頁。

〔註5〕王世慶，《日據初期臺灣之降筆會與戒煙運動》，《臺灣文獻》第三十七卷第四期，臺灣省文獻委員會，第113頁。此文由臺灣文獻館編纂徐國章先生幫助收集，在此表示感謝！

〔註6〕（日）《臺灣總督府事務成績提要》（第七篇），成文出版社，1985年，第77頁。

〔註7〕井出和季太著，郭輝編譯，《日據下之臺政》第一冊，第351頁。

〔註8〕《全臺賦影像集》之《渡世慈航》，第631、634頁。

主神稱為「恩主」，因此有學者以「恩主公崇拜叢」名之。日據時期的警察調查報告中，將其命名為「降筆會」。就宗教的屬性而言，「鸞堂」是一種介於「制度化宗教」與「普化的宗教」之間的宗教信仰。

鸞堂是由柳乩來傳達神意的地方，即「鸞堂者，聖神鸞駕所臨之堂，民人禮拜之所也。」〔註 9〕日本人調查認為「鸞堂者宣講聖佛之教場，拜佛誦經，題詩作文，其意者原與帝國各宗教，大略相同也。勸人行忠孝行廉節得仁義行禮智。」〔註 10〕「忠孝廉節仁義禮智」〔註 11〕為行道之原則，可見鸞堂本身為宗教道場。

「扶鸞」是鸞堂的成員所進行的宗教活動，透過神靈附身於正鸞手，藉以推動桃筆於沙盤上寫字，為一種神人溝通的方式，也被認為是以有知識的人者來扮乩童，籍以傳達神的旨意。「普通神社佛閣前放上盛滿沙土之盆，兩名鸞生左右握著用桃木筆，一邊念神祈禱，筆在砂上自動寫了吉凶禍福之文字。」〔註 12〕而「堂中施行之事，以降筆造書勸誡洋煙為主，其書中所引證者皆是善惡有報之事，使民人若知警醒，不也為非。」〔註 13〕

鸞堂一般是由讀書人共同出資設立，其中設有請善書、講善堂及休息處等設施，另外，還設有神堂，其內設神壇，奉祀關聖帝君等神明，為鸞堂中至為神聖之處。〔註 14〕

降筆會祀奉的神，大概有十九位之多，第一位是關帝，第二位是觀音佛。根據日本人調查記載為：「關聖帝君、孚祐帝君、司令帝君、文昌帝君、觀音佛母、五穀先帝、城隍老爺、天上聖母、福德正神、李仙翁、藍仙翁、孫仙翁、陳仙翁、張仙翁、周將軍、王天君、趙天君、張桓侯、諸葛亮」〔註 15〕等。

〔註 9〕（日）《降筆金鸞堂主李緝庵開答記》，《降筆會相關書類綴（原臺北縣）》（冊號：9141；門號：3；門別：警察；類別：高等警察）。

〔註 10〕（日）《鸞堂調查記》，《降筆會相關書類綴（原臺北縣）》（冊號：9141；門號：3；門別：警察；類別：高等警察）。

〔註 11〕（日）《鸞堂調查記》。

〔註 12〕（日）《覆命書》，《降筆會相關書類綴（原臺北縣）》（冊號：9141；門號：3；門別：警察；類別：高等警察）。

〔註 13〕（日）《降筆金鸞堂主李緝庵開答記》。

〔註 14〕陳進盛，《日據時期臺灣鴉片漸禁政策之研究（1895～1930）》，國立臺灣大學政治學研究所碩士論文，1988 年，第 98 頁。

〔註 15〕（日）《覆命書》。

關帝即為關羽，是最受庶民百姓敬愛之義俠、除厄之神，另外，他還擅長心計重義氣，是商業、求財、信義的守護神；文昌帝是掌管士人功名祿位之神；五穀先帝是保祐五穀豐登之神；城隍老爺是城市守護神；天上聖母，是娘娘廟的神體，是女姓的守護神；福德正神是財神；張仙翁是求生男子的神仙；張桓侯是「三國演義」中的燕人張飛。從降筆會所信奉的諸神來看，幾乎全部都是中國傳統上的諸神明。

降筆會的儀式分為兩個階段。第一個階段為「降筆」，是向信奉的神體，來求指示——「箬示」，即由正副鸞生扶持柳筆，在神體前所設的細沙或香灰上寫出字跡，並由人逐字讀出，再將讀出內容記錄下來，合成一首詩或一篇文章。這些詩或文章，以神明的力量，來勸解信者禁止吸食鴉片。

降筆會儀式的第二階段為宣誓廢煙。祈求廢煙者持吸食器具，在神壇前參列，遂次向「箬示」叩頭禮拜，並把所持吸食器具投擲於地，如果器具壞損，則證明戒煙的意志堅強。之後堂主即拿出神壇的香灰，再加上神水，放入請求者所持的竹筒或陶器中。求得神水的祈願者，回家後犯煙癮時，將此水飲進，即馬上見效。對於一些重症癮者，降筆會還讓其臨時住於鸞堂附近的臨時小屋八日，其食宿費用都由降筆會提供，待其決意戒除鴉片後，再行返回家中。

降筆會的禁煙活動，是利用人們對神明的信仰，以自身的力量和控制力，達到少吸或不吸食鴉片，正如臺中的一位堂主李緝庵所言：「創設鸞堂者又何也？臺人信神垂二百年，相沿日久遂成風俗，始則因信而生敬，繼而因敬而生畏，凜凜乎在上、在旁，若有絲毫苟且，即不逃洞鑒之意。故百姓之畏王法常不及其畏神明，於是有以神道設教之說，謂中人以下責以道義，而不知愧恥，動以禍福，而始覺警心，此鸞堂所由法也。」〔註 16〕

3. 降筆會的傳入及性質

臺灣飛鸞降筆會的戒煙運動，發起地為新竹地區。但用於治療鴉片煙癮較準確的記載，是 1897 年 6 月。是年「臺灣阿片令」正式公布，鴉片煙膏開始正式販賣，臺灣新竹東部樹杞林街的保甲長彭樹滋，赴廣東省惠州府陸豐縣省親，在一個叫五雲洞的地方認識道士彭廷華，遂接受其祈禱，長年的煙癮，很快成功戒除。

〔註 16〕（日）《降筆金鸞堂主李緝庵開答記》。

彭樹滋自廣東陸豐歸返回樹杞林後，開始向人們傳播此法戒煙事情之神奇，並將此事實告之當時任辦務署參事的彭殿華。此時恰好是 1898 年總督府開始實施鴉片漸禁政策，臺灣人吸食鴉片之風再起。彭樹滋及周圍聽聞戒煙之效果的人們，希望借助此法戒除鴉片並能請到彭廷華來臺。

彭殿華先請當時在宜蘭設堂祝福降筆的吳炳珠，到樹杞林舉行祈禱降筆戒煙。此次降筆戒煙，使彭殿華及九芎林莊長等數十人，成功戒除成癮之鴉片嗜好。於是彭殿華 1898 年又出資數百元，從廣東邀請彭錫亮、彭錦芳、彭藹珍、彭錫慶、彭錫瓊等五位鸞生渡臺，於次年 2 月在彭殿華的宅第設立鸞堂。由彭錫亮等舉行扶鸞祈禱降筆戒煙，在九芎林、高梘頭兩個廟，以祀神求託降筆，對鴉片癮者進行祈禱治療。很快就有二百多人去除了鴉片之癮。根據鄭森松主編的《竹東鎮志．歷史篇．歷代名人列傳》記載：「光緒 25 年，彭殿華在自宅設鸞堂，以及受其主導的九芎林復善堂，帶動了全臺的戒煙運動，使吸食鴉片者免於家庭破碎，也促成各地建立『鸞堂』的風潮。」〔註 17〕

彭錫亮將降筆戒煙方法傳授給九芎林之邱潤河、彭阿健，大肚莊之劉家冀、彭阿石等四人後，返回廣東。另外，彭殿華、林學源、魏盛唐等人又在文林閣內設立復善堂，主要是以著作、宣講及社會公益為主，從此鸞堂之祈禱戒煙到處盛行。此後運動由新竹開始轉向臺中，並向臺南方向發展，雖然降筆會所信奉的主神關聖公在臺南被警察所禁止，文昌帝、觀音佛等其他的神體，開始較多的出現在儀式中。

彭殿華熱心公益，對於扶鸞戒煙也出錢出力。樹杞林地區的鸞堂，舉行降筆戒煙最隆盛，最有勢力者為九芎林復善堂。主倡者除彭殿華外，尚有九芎林秀才學源，這些人大都是上流社會有信用者。復善堂之鸞生為邱潤河、彭阿健二人，在地方被稱為學者，在清代曾任教師。其次為大肚莊及燥坑飛鳳山之鸞堂。大肚莊鸞生劉家冀、彭阿石二人，當時均被日本政府任命為地方稅調查委員，劉家冀被稱為學者，彭阿石被尊稱為醫生。燥坑莊鸞堂之鸞生為楊福來、溫德貴二人，均為書房教師。〔註 18〕

〔註 17〕鄭森松主編，《竹東鎮志．歷史篇．歷代名人列傳》，竹東鎮公所，2005 年，第 159 頁。

〔註 18〕黃榮洛，《橡棋林頭人》，《新竹文獻》第 1 期，新竹縣文化局，2000 年，第 13～19 頁。

另外，彭殿華還編纂《現報新新》，以警示吸食鴉片煙者。這本書也成為客家人的第一部鸞書。書中言：「人心已變，習俗相因。洋膏為重，煙火是親。憂愁藉以解鬱，困憊反謂養神。鶴骨雞皮，吃久猶如故物。職虧業廢，生仝無異亡人。為貪歡片刻，遂致誤終身。氣懈神昏，入局終難脫苦。現身設法，返樸自可歸真。」〔註19〕

這種自覺的發自草根的戒除鴉片煙癮的行動，從其信仰及崇拜的諸神來看，非常具有中國傳統宗教文化的意識。根據日本學者山田毫一的研究，這些「筶示」充滿了反日色彩。諸如接近日本人，使用日本貨幣、食物或物品者，將遭到天誅；受雇於日本官廳、人家者也將遭到天誅；日本來帶來了鼠疫，死於鼠疫者都是接近日本人的人。〔註20〕

從以上的記載來看，降筆會是在清朝開始傳入臺灣，最早可能是在康熙朝。降筆會先是由大陸傳至澎湖，然後再傳入臺灣本島。傳入之初所宣傳的宗旨為勸人向善，並採用降筆採方以治療疾病。利用降筆戒除鴉片煙癮，興起於日據之後，即是1898年總督府開始實施鴉片漸禁政策，臺灣人吸食鴉片之風再起之時。故筆者認為，這種運動是在臺灣人民在接受異族統治後，特別是以武力反抗行動均逐漸被鎮壓以後，心底存在著的反抗意識，與民間通俗信仰相結合，所產生的對抗日本殖民地統治政策另外一種潛在力量。

二、降筆會鸞堂的分布

根據臺灣學者王世慶的研究，全臺除東部地區外，幾乎都有鸞堂的存在。這些鸞堂以扶鸞祈禱降筆投藥的方式，來戒除鴉片煙癮，並以卜卦吉凶等方式勸人向善。

1. 澎　湖

澎湖是最早開設鸞堂之地，早在1853年，在媽祖宮初設普勸社，以關聖帝為信仰之神，創沙盤木筆，為全臺降筆之開始。1864年，普勸社眾蘇清景從福建泉州府馬巷廳，請太醫院慈濟真君許遜金身一尊來澎湖開基。1885年春，法軍侵略澎湖，此宣講暫時停頓下來。後林介仁等整頓社規，復又宣講。1887年時，普勸社更名為「一新社」，此後開始大興宣講代天行道，關聖帝並

〔註19〕《魁斗星君·戒煙賦》，彭殿華，《現報新新》，新竹芎林明復堂，1899年，第57～58頁。

〔註20〕（日）《臺灣阿片專売制の展開過程》，第18頁。

降諭云：將來可以推廣至全臺各地。1891 年時，一新社於社內又設立了樂善堂。此後樂善堂主內，一新社主外，專行宣講與救濟。〔註 21〕

1898 年臺灣本島鸞堂間傳言，初承關聖帝主降壇，大顯神通，肅清鴉片之毒害，戒除煙癮者甚眾。於是鸞堂扶鸞祈禱戒煙之方法，又由臺灣本島傳回到澎湖。1891 年 5 月 15 日，一新社的諸眾到城隍廟，請求為澎湖民求改鴉片煙毒，澎湖境主靈應侯方，乃降詩諭：「鴉片毒煙害不輕，荒工廢事失經營，有心世道除民患，恩准開壇在此行。」5 月 27 日，又降詩諭，公布戒除鴉片條例六則，希大家遵守，並發放甘露水，以供戒煙者服用，果然以此法戒除煙癮者達千人。〔註 22〕

下表為澎湖地區開設的鸞堂

鸞堂名稱	成立時間	成立地點
日新社養善堂	1899 年正月	澎湖媽宮石泉
極妙社新善堂	1901 年 7 月 12 日	媽宮西街
向善堂	1901 年 11 月	湖西洪家
養性堂	1901 年	湖西
友善堂	1901 年	湖西龍門
陳善社存養堂	1902 年 6 月	湖西
歸化社從善堂	1902 年 8 月	媽宮西文
濟眾社新民堂	1903 年 6 月	媽宮紅埕
樂英堂	1904 年 3 月	西嶼合界頭

從上表來看，降筆會雖然最早出現在澎湖地區，但其興盛還是在戒煙運動興起之時。

2. 宜蘭地區

宜蘭地區的鸞堂，是在 1887、1888 年間，從澎湖傳入的到宜蘭頭圍街，由進士楊士芳創設喚醒堂，並自任堂主，宣講教化街莊民眾，並以扶鸞降筆的方式，進行施藥以救濟世人。後有宜蘭街碧霞宮，也開始設立鸞堂。1893 年時，宜蘭縣人吳炳珠、莊國香二人，赴廣東陸豐縣，見當地開設鸞堂教化

〔註 21〕王世慶，《日據初期臺灣之降筆會與戒煙運動》，《臺灣文獻》第三十七卷第四期，第 114 頁。

〔註 22〕王世慶，《日據初期臺灣之降筆會與戒煙運動》，《臺灣文獻》第三十七卷第四期，第 114 頁。

人民，並以此來戒除洋煙，回臺後將傚仿之，開設鸞堂傳法以教化當地人戒除鴉片煙癮。故王世慶研究認為，宜蘭的吳炳珠、莊國香二人所設之鸞堂，為臺灣最早將鸞堂用於祈禱戒除鴉片煙癮之人。〔註 23〕此後，鸞堂降筆戒煙在宜蘭盛行一時。

1899 年陰曆二月，新竹地區暴發了流行性惡疫，楊士芳乃派陳志德、吳炳珠等人，到各地宣講善書警世全篇，分贈各地廟堂及有識之民眾。1900 年前後，降筆會開始向南部轉移。〔註 24〕

3. 臺北縣

臺北縣內鸞堂分布較為廣泛，基隆辨務署管區、滬尾辨務署管區、臺北辨務署管區、桃仔園辨務署管區、大嵙崁辨務署管區、新竹辨務署管區等地，都設有鸞堂，筆者根據王世慶的研究，將其用表格歸納如下：

管區	地點	名稱	時間	基本情況
基隆辨務署管區	基隆辨務署直轄基隆街	正心堂	1899 年	此鸞堂係自臺北景尾街傳入。由基隆人許炳榮、許招春、張斗南等三人，獲知景尾街有鸞堂舉行扶鸞降筆，便在基隆新店街城隍廟內設鸞堂，信眾約有六十多人，主要信徒為前基隆街街長陳文貴之一派，時常在堂內扶鸞降筆，施藥方醫治病人，並為鴉片癮者戒除鴉片。
	瑞芳支署管區	黃春鸞堂		九份莊人黃春所設鸞堂，自任鸞主，其弟黃查某為鸞生，為信徒扶鸞降筆，施方治病、戒煙。黃春在 1901 年赴廈門，購買挽世全篇八冊及如心錄四冊，返臺後分贈給信徒。
	水返腳支署管區	明心堂		此堂的主導者為陳瑞彩等三人。陳瑞彩為擁有四萬餘元之資本家，任該堂正總理。1901 年時，該堂呈盛況，後關閉。
	北港烘內	福善堂		該堂鸞主為蘇慶月，任街莊長，鸞生多為街莊書記，主要信徒有五十多人，其主倡者二、三人為石碇堡之資產家。1901 年時鸞生蘇江波、廖心田二人，申請赴廈門購買《挽世全篇》。

〔註 23〕王世慶，《日據初期臺灣之降筆會與戒煙運動》，《臺灣文獻》第三十七卷第四期，第 115 頁。

〔註 24〕（日）《臺灣慣習記事》，第一卷第十號，明治三十四年十月，第 87 頁。

滬尾辦務署管區	滬尾	仙堂（古聖廟）		此堂成立於割臺前，由李超雁、李宗範叔侄二人及李又桂、陳良全等倡導設立，舉行宣講勸善，扶鸞降乩，並曾降戒洋煙。臺灣割讓後的 1899 年，李超雁與信徒又損資二千，建設新的廟宇，稱為古聖廟，以李宗範為堂主，舉行宣講，治療疾病及戒除鴉片煙癮，信眾甚多，為臺北地區最盛地區之一，1901 年 8 月 18 日被迫關閉，此堂改為書房。
	小基隆新莊	仙壇		舉行宣講勸善，扶鸞降筆，施藥方治療病人。
臺北辦務署管區	艋甲支署管區		1901 年	1901 年 5 月，廈門人李文堂與鹿港人林為益二人到艋籌設扶鸞降筆會，並在廈新街設立鸞堂，李文堂任鸞主，林為益為鸞生，進行扶鸞降乩，施投藥方為病人治病。
	大稻埕支署管區	共計有八座鸞堂		大稻埕中北街鸞堂、大稻埕國興街醒心堂、大稻埕永和街善化堂、北門外街鸞堂、日新街鸞堂、珪瑜粹街鸞堂、大龍洞鸞堂等，經常扶鸞降筆，為信徒祈禱戒煙，卜吉凶禍福，宣講勸善，有信徒三、四百人。
	臺北辦署直轄管區			在大安十二甲莊有鸞生三、四人，舉行扶鸞降筆，為信徒治病、戒煙。
	士林支署管區	講古堂		在士林街設有「講古」「教善」之講堂，經常舉行講古、教善，但不舉行扶鸞降筆。
	新莊支署管區	集福堂		設在興直堡三重埔五穀王廟內，堂主林啟輝為二、三重埔著名之前清秀才，現任區長兼保甲局長，鸞堂之組織有股份 250 份，奉祀關聖帝及文昌帝，舉行宣講勸善，扶鸞祈禱降筆戒煙，與大稻埕之鸞堂信眾聯繫密切，為臺北近郊最盛地區之一，1901 年被迫解散。
	枋橋支署管區	吾醒堂	1901 年	由林超英發起，在新埔莊江漢莊設鸞堂，林任堂主，徐漢深、王笑文為鸞生，每月於三、六、九扶鸞施藥方，卜吉凶。
	三角湧支署管區			管內各莊只有舊來之童乩十數人，但與扶鸞降筆會無關，尚無上流社會人士所舉行之扶鸞，故無鸞堂、鸞生。

桃仔園辦務署管區	竹北二堡二亭溪莊			1900 年 11 月，在關帝廟開鸞堂。
	中壢街	勸善堂		在老街及新街都設有勸善堂。
	竹北二堡紅瓦屋莊	勸善堂	1900 年	1900 年 3 月，設立鸞堂，稱為勸善堂，自 4 月起至 8 月，盛行扶鸞祈禱降筆戒煙.
		霄里社	1901 年	1901 年 8 月，銅鑼圈鸞生劉阿來，在三元宮宣講勸善，並輕戒除鴉片。
大嵙崁辦務署管區	鹹菜硼支署管區	仙壇	1901 年	竹北二保湖肚莊仙壇，1901 年 2 月由陳阿春創設，自任鸞主，鸞生有陳理祿、范洪亮等，奉祀關聖帝，集合莊民扶鸞祈禱降筆戒煙。
新竹辦務署管區	樹杞林支署管區		1899 年	樹杞林街彭樹滋在自宅設立。
	新竹市街	宣化堂		1899 年樹杞林等創設鸞堂祈禱戒煙後，就有新竹城外水田街鄭坤生等五人，承傳鸞堂祈禱降筆戒煙之方法，並於新竹城外北門口水仙宮內設立鸞堂為病患、鴉片癮者扶鸞祈禱降筆施藥方治病戒煙，及宣講努善修身。一時奏奇效，信徒逐日增加。主倡者鄭坤生、陳子貞等均為資產家、名望家。鸞生為北門外水田莊人共福。至 1901 年 8 月初，因鸞遭火災關閉，但仍然設臨時講堂宣講勸善。
	北埔支署管區	樂善堂		福興莊由曾乾秀發起創設之鸞堂，設於關帝廟內，稱為樂善堂。信徒大多為鴉片癮者，為戒煙而來，認真祈禱戒煙，惟戒除效果不佳。為日本警察監視強迫於 1901 年解散。
	頭份支署管區	感化堂	1900	1900 年 12 月 17 日上頭份第一區街長陳維藻、教員饒鑒麟等九人為發起人，在竹南一堡牛莊羅阿鼎宅創立，奉祀關聖帝。聘後壠街醫生江志波為鸞主。初宣講勸善，自 1901 年 3、4 月開始，勸誘鴉片癮者參加扶鸞祈禱降筆戒煙。當時恰遇鴉片煙膏漲價，紛紛以為奇，有很多鴉片癮者參加祈禱戒煙。至是年 7 月臺中縣檢舉逮捕鸞主、鸞生等，恐懼罹難，乃漸趨衰退。
	南莊支署管區	育善堂	1901 年	竹南一堡屯營莊設立的鸞堂，由張阿麟與有志者創設，奉祀關聖帝等神明，扶鸞降筆施藥方治病戒煙，勸善良懲惡，一時興盛，參加信徒甚眾，每日有百餘人。主持者張阿麟為資產家，擁有四千元以上。

	中港支署管區	積善堂		又稱宣化堂，係 1900 年 9 月，竹南一保中港舊街許清文創設，自任鸞主奉祀關聖帝、九天同命真君子等神明。初只宣講勸善，信徒漸增多，乃為鴉片癮者扶鸞降筆，時恰遇鴉片煙膏漲價，很多癮者參加祈禱戒煙。後在日本警察的干涉下，於 1901 年關閉。

4. 臺中縣

臺中縣的鸞堂主要分布在苗栗辨務署管區及臺中地區。苗栗地區之鸞堂，係 1900 年 8 月，由樹杞林人彭殿華傳授給苗栗一堡沙坪莊富豪黃紫雲。黃氏乃在沙坪莊之觀音佛堂設鸞堂，奉祀關聖帝、觀音佛祖等神明，自任堂主。並且自同年十月起，捐資為戒煙參拜祈禱者提供飲食，吸引很多的鴉片癮者，因神靈最為顯著，一時從中港、頭份、新竹等地區前往進香祈禱者絡繹不絕，每日進香者多達數百人，能完全戒煙者亦不少。至 1901 年 4 月止，到沙坪莊鸞堂祈禱戒煙飲神水戒煙者有六百多人。

除沙坪莊鸞堂外，是年在苗栗一堡開設之鸞堂尚有田寮莊、苗栗街、九湖莊、國湖莊等。田寮莊鸞堂之堂主為羅慶松、苗栗街鸞堂之堂主為梁上范、九湖莊鸞堂之堂主為吳義昌、四湖莊鸞堂之堂主為劉湘、金鑾堂之堂主為李緝庵。每堂之主要信徒約有十二人，從事扶鸞祈禱降筆，勸誡洋煙，撰書警世。苗栗附近歸信之門徒有三千多人。

臺中方面鸞堂之祈禱戒煙係於 1900 年冬，由新竹、苗栗南進傳入，鐵砧山之劍泉寺、牛罵頭三座屋開山廟，也都重新安奉關帝神位舉行扶鸞祈禱戒煙。此外石崗莊、束東下堡麻滋事埔莊、貓霧峰慶、武東堡內灣莊等，均攤設有鸞堂。在臺中地區擁有數萬人，群眾手執紅旗，鳴鑼擊鼓，男女老幼接踵成列，向關帝進香，鴉片癮者祈禱戒煙，情勢極為隆盛。

5. 臺南縣

鸞堂扶鸞祈禱降筆戒煙之風氣漸次南進，到 1901 年夏秋時節，臺南縣管內各地方設有多處鸞堂。管區內的嘉義、鹽水港、麻豆、臺南、大目降、蕃薯僚、風山、東港、阿猴等地區都受降筆戒煙運動波及，尤其以嘉義、鹽水港、麻豆三地區最盛，戒煙者甚多，鴉片之販賣人深受其影響，幾乎減至一半。〔註 25〕

從以上內容來看，臺灣東部地區幾乎遍布了降筆會的活動。

〔註 25〕（日）《臺灣慣習記事》，第一卷第十號，第 46～47 頁。

三、降筆會對鴉片政策的衝擊

總督府鴉片專賣制度確立後，1897 年 4 月 1 日從臺北市開始發放吸食許可證，接著 5 月在新竹、臺南，6 月在臺中、苗栗、彰化等開始實行。當年總督府的總歲入預算為 811 萬元，其中鴉片收入的預算，就高達 423 萬元，占總預算的一半以上，但當年鴉片的收入，卻只有 164 萬元，故總督府的財政收入出現了巨大的赤字。當時總督府官制鴉片的價格，比市面上的鴉片低近一半左右，為了增加財政收入，總督府只好在許可費上做文章。當時制定的特許費用為，一等煙膏特許費為每年 36 元，二等煙膏特許費為每年 18 元，三等煙膏特許費為每年 20 元 40 錢。此費用一年分四次上交（三等每半年）。特許費用之所以定這樣高，是當時的民政長官後藤新平「認為吸食者全部是中毒者，即使特許費用高，也不能不吸。以這樣的金額來計算的話，一年可以百萬元的特許費收入囊中。」〔註 26〕但令總督府沒有想到的是，在警察的勸誘下，第一次交完後，就不再願意交付。

總督府為確保財政收入的穩定，1898 年將總督府製藥所生產的鴉片，由原先每罐 450 克，減少為每罐約 376 克。雖然每罐約減少 74 克，但價格維持不變，即一等煙膏每罐 12 元、二等煙膏每罐 9 元、三等煙膏每罐 7 元。這是一種變相提高煙膏價格的形式。總督府以這種形式，使臺灣的財政在 1898 年的 7,493,654.674 元，增加到 10,158,651.963 元。這其中，鴉片的收入，由 1898 年的 3,467,334.089 元，增加到 4,249,577.595 元。〔註 27〕

從以上數據分析來看，鴉片收入在當年所佔的比重達四成多。儘管這樣，總督府還不滿足，在 1901 年又將各等鴉片煙膏的價格大幅提高。其中一等及二等煙膏，各漲了 3 元，三等煙膏也漲了 2 元。此年恰好是總督府第一次網羅鴉片癮者結束時期，當時網羅的癮者達 169,064 人之多。而鴉片煙膏的飛漲，明顯地表明總督府將鴉片煙膏克數減少，又大幅度提高價格，利用行政控制鴉片煙膏的定價權，以達到其經濟上之榨取目的。

在總督府的財政目標下，臺灣製藥所生產的鴉片煙膏價格飛漲。下表為總督府的煙膏定價表：

〔註 26〕（日）《臺灣阿片專売制の展開過程》，第 4 頁。

〔註 27〕（日）《臺灣総督府統計書第 4 回明治 33 年》，JACAR：A06031501800。

定價時間	每 罐 定 價（元）		
	一等（福）	二等（祿）	三等（壽）
1897 年 3 月 12 日	12	9	7
1898 年 3 月 12 日	12*	9*	7*
1901 年 4 月 12 日	15	12	9
1901 年 7 月 20 日	14	11	7
1910 年 5 月 12 日	21	----	13
1916 年 6 月 1 日	24	----	16
1917 年 4 月 1 日	28	----	20
1918 年 8 月 16 日	35	----	27
1919 年 12 月 1 日	40	----	30

*《臺灣阿片志》第 293 頁。*及以下為每罐 376 克。

從上表分析來看，總督府的煙膏的價格，從 1897 年至 1919 年二十多年間，總體是呈現上漲的趨向，唯一的一次降價，就是在 1901 年 7 月 20 日。而影響總督府，使總督府將鴉片煙膏調低的直接原因，就是 1901 年扶鸞降筆戒煙運動快速興起。

扶鸞降筆會的戒煙運動，在總督府鴉片政策開始實施時，就在臺灣南部開始興起。總督府也在密切地關注其動靜：「從前宗教家有戒鴉片之毒害，力以教化者，如今之狀況如何及島民是否相信？」〔註 28〕

總督府雖然早知降筆會的存在，但沒有進行行政干涉。筆者認為，首先是當時在民間的武裝抗日還沒有被完全鎮壓，降筆會只是小規模的民間活動，其明確的宗旨以求戒除鴉片煙癮，其規模也限於個別地區，故不會對其鴉片政策造成影響；另外，也許是認為鴉片吸食者，已經成為癮者，難以停止其吸食行為；第三，可能也沒有想到，降筆會的戒煙運動，能產生那麼大的影響，並很快就席捲臺灣廣大的地域。從上面鴉片定價表中也看出，如果總督府顧及降筆會的戒煙活動，也不會在其活動興盛的 1901 年 4 月 12 日，將等級別的鴉片煙膏大幅度漲價。

1898 年降筆會戒煙成功以後，在各地迅速展開。由中國大陸渡臺的道士，將此方法又傳授九芎莊的邱潤阿、彭阿健，大肚莊的劉家異、彭阿石四

〔註 28〕臺灣省文獻委員會，《日據初期之鴉片政策》第二冊，1978 年，第 177 頁。

人。這四人又將此法傳授到新竹、苗栗、瑞芳等地。根據《臺灣總督府事務成績提要》的記載，此運動在 1901 年時達到高潮：「明治三十四年（1901年）以來信眾顯著增加，在四、五月份之時，鸞堂的數量亦大幅增加，各地都有增設。」〔註 29〕

根據《臺灣慣習記事》對「臺南降筆會」的記載，可以看出其影響力之大。「現在全縣以下任何地方，並無降筆會之勢力所不能影及之外……」「降筆會先以一度乩示：應予禁忌吸食鴉片以來，使各地吸煙著靡然奉以為信，因而據聞欲廢煙之人頗多，現今在於臺南所聞吸煙者之減少人數……本年 4 月 8 月兩月之鴉片請賣人數……幾乎將鴉片請賣者之數減半。而此減少之傾向，仍在繼續之中……由些可推察一般狀況，蓋以降筆會，其影響之大，可並以推測也。」〔註 30〕

下表為 1901 年 7～9 月臺南等地降筆會廢煙前後人數對照表：

署　別	七月份吸食者	廢煙者	再吸食者
臺南	12,526	937	613
鳳山	11,187	1,660	1,013
東港	4,852	79	4
阿猴	4,050	114	65
蕃薯僚	1,365	58	9
大目降	3,814	390	305
麻豆	4,213	1,379	913
鹽水港	7,998	3,842	1,170
嘉義	14,910	6,295	1,220
合計	64,929	14,754	5,311

*《臺灣慣習記事》第一卷第六期，明治三十四年六月二十二日。

1901 年降筆會對嘉義地區鴉片銷售情況的影響如下表；

月 別	一月	二月	三月	四月	五月	六月	七月
二等煙膏	1116 箱	1152 箱	900 箱	756 箱	576 箱	468	180
一等煙膏	360 箱	144 箱	433 箱	144 箱	180 箱	144	36

〔註 29〕（日）《臺灣總督府事務成績提要》，第七篇，明治三四年度，第 78 頁。

〔註 30〕《臺灣慣習記事》第一卷下，第十號，臺灣省文獻會，1984 年，第 175～176 頁。

*此表根據嘉義縣於明治四十四年向總督府提交的《阿片及食鹽批發狀況報告》中之內容整理而成，資料來源為《機密文書綴（降筆會之部：臺南縣）》（冊號：9502；門號：3；門別：警察；類別：高等警察）。

從上兩表來看，在不到三個月的時間裏，臺南等地，由於降筆會的努力，戒煙者竟然高達一萬多人，占吸食總人數的近四分之一，雖然最後還有五千多人再吸食，也說明降筆會在臺灣鴉片史上的歷史作用。另外，從嘉義地區鴉片批發銷售表分析也可以看出，由於降筆會的影響，其鴉片的批發基本逐月減少，特別是在七月降筆會活動高潮之時，其批發銷售量減至一月份的一成強，不能不說降筆會在戒除鴉片煙癮上所起的作用非常之大。

另外，根據日本人自己的統計，降筆會戒煙的成果也非常顯著。

區　別	廢煙者	再吸食者	未再吸食者
因為煙膏價格上漲	1,477	567	910
扶鸞降筆會的原因	34,370	14,419	19,951
其他原因	1,225	271	954
計	37,072	15,257	21,815

在總督府的統計中，因降筆會而戒煙者竟高達 34,370 人，而其中完全戒除，再沒有重新吸食者，也達到 19,951 人。其統計的數字遠遠大於《臺灣慣習記事》統計的數字，更說明當時降筆會的戒煙運動的顯著成果。

是什麼原因造成 1901 年前後降筆會戒煙運動達到高潮？首先是鴉片煙膏的價格飛漲。前述 1898 年時，總督府製藥所將其生產的鴉片，各等級別的煙膏，分別減少了 74 克，但價格維持不變，即一等煙膏每罐 12 元、二等煙膏每罐 9 元、三等煙膏每罐 7 元。在 1901 年，又將各等鴉片煙膏的價格大幅提高，其中一等及二等煙膏，竟然各漲了 3 元，三等煙膏也漲了 2 元。而此年恰好是總督府第一加網羅鴉片癮者結束時期。當時網羅的癮者達 169,064 人之多。

由於短期內流失大量吸食者，鴉片煙膏的銷售量直線下降。

下表為 1901 年前後臺灣鴉片銷售情況表：

年代	鴉片專賣收入（元）	鴉片製造量（公斤）	販賣售出量（公斤）	販賣收入（元）
1900	4,234,980	209,839	197,465	4,616,762

1901	2,804,894	131,206	119,325	3,169,973
1902	3,008,488	108,197	128,843	3,291,106
1903	3,620,336	152,463	144,010	3,922,515

*此表根據《臺灣省五十一年來統計提要》(1969 年，古亭書屋)，第 1002、1039、1040 頁內容整理而成。

從上表分析來看，1901 年鴉片的售出數量，比上一年減少 78,140 公斤，鴉片的收入也減少了 1,446,789 元。另外，從總督府統計書中煙膏的銷售額，也可以看出鴉片銷售量的減少情況。1902 年總收入僅為 2,804,894.264 元，僅相當於 1901 年銷售額的 4,234,979.565 元的 66.2%。〔註 31〕

另外，從各地鴉片專賣人的數量的快速萎縮，也說明降筆會的戒煙運動，對總督府鴉片政策的巨大影響。

下表為 1901 年 4～8 月臺南等地鴉片售賣人數變化表：

署　別	4 月份售賣人	8 月份售賣人	差　數
臺南	128	81	47
鳳山	170	110	60
東港	94	60	34
阿猴	51	41	10
蕃薯僚	26	24	2
大目降	78	50	28
麻豆	61	20	41
鹽水港	56	20	36
嘉義	101	35	66
合計	765	441	324

*《臺灣慣習記事》第一卷第六期，明治三十四年六月二十三日。

從上表來看，以 1901 年臺南縣地方稅收預算，鴉片販賣業者應繳納之地方稅額為 312,704 元，其販賣者的數量為 924 人，而該年度 8 月，販賣者人數已經減少至 441 人，幾乎減少到一半，特准販賣業者應繳納之銷售金額千分之二為地方稅收亦頗受影響，其收入鴉片販賣的減少所帶來的收入上的減少也是可以想像的。

〔註 31〕（日）《臺灣総督府統計書第 7 回明治 36 年》，JACAR；A06031502100。

下表為 1898～1902 年度鴉片售賣情況表：

年度	販賣人售賣吸煙人之鴉片		鴉片專賣收入（元）	與上年度之差（元）
	重量（公斤）	金額（元）		
1898 年	166316	3720732	3467334	
1899 年	204504	4662604	4249578	＋782244
1900 年	197465	4616762	4234980	－14598
1901 年	119325	3169973	3804894	－1430086
1902 年	128843	3291106	3008488	＋205594

*此表轉引自王世慶，《日據初期臺灣之降筆會與戒煙運動》，《臺灣文獻》第三十七卷第四期，第 128 頁。

從上表來看，從 1901 年降筆會戒煙活動達到高潮之時，全臺之鴉片販賣比上一年減少 78,140 公斤，販賣金額減少 1,446,829 元，鴉片收入減少 1,430,086 元之多。雖然這其中不排除有其他因素，但降筆會的戒煙活動所帶來的影響是非常巨大的。

從以上內容來看，由於各地降筆會的興盛，戒煙人數持續增加，日本人也記載認為當時降筆會戒煙活動，達到一定的影響：「到光緒二十七年七月十八日止，在 161,387 人特許吸煙者中，據九月底之調查，戒煙者有 37,072 人，其中男 34,744 人，女 2,328 人；其中自行戒煙者 1,477 人，內男 1,392 人，女 85 人；由降筆會戒煙者 34,370 人，女 2,171 人；其他 1,225 人，內男 1,153 人，女 72 人。」〔註 32〕根據此份資料來看，降筆會所主導的戒煙者，所佔比例竟達 92.7%，占特許吸者之 21.3%。可見降筆會在當時對總督府鴉片政府的影響之深。從財政意義上分析，1897 年日本實施鴉片專賣制度以後，於次年鴉片專賣實際的收入，就已經超出其預估之收入 300 萬元，而高達 3467,000 多元，而當年之田賦收入 782,000 多元，多了 3.4 倍。1899 年時，鴉片收入高達 4234,000 多元，則田賦收入則只有 912,000 多元，鴉片收入竟然比田賦收入多 3,320,000 多元，為田賦收入的 4.6 倍，可見其鴉片專賣收入在臺灣總督府財政上之重要性。〔註 33〕降筆會的禁煙運動在各

〔註 32〕（日）《臺灣治績志》，327～328 頁。

〔註 33〕王世慶，《日據初期臺灣之降筆會與戒煙運動》，《臺灣文獻》第三十七卷第四期，第 127 頁。

地的興起，1901 年時，鴉片收入一下就銳減了 1,430,086 元，對臺灣總督府的鴉片政策很大的衝擊，甚至威脅到以鴉片為基本的專賣事業的臺灣財政體制。

四、總督府對降筆會的取締鎮壓

日據時期降筆會的戒煙活動，起始於總督府實施鴉片政策後，至 1899、1900 年前後開始漸形成規模。地區上已經分布於新竹、苗栗、臺北、滬尾、基隆、臺中、臺南、澎湖等地。當時正處於日本據臺後的艱難期，雲林斗六、嘉義及南部以山、阿猴等地，反日義軍活動頻繁。日本警察制度也尚處於制定完善，各區的憲兵警力都將全力於對反日武裝的剿滅，故沒有對降筆會過多地重視。特別是運動開始時，日本警察僅是將降筆會作為一種迷信活動，並沒有投入太多的關注，但隨著降筆會的日益興盛，警察開始懷疑降筆會可能為一種秘密結社，特別是其在戒煙過程中，往往出現反日的言論，恐怕其與抗日義軍相互響應，故引起了日本警察的注意。

最先引起警察注意的是臺中縣苗栗辦務署之一堡沙坪莊。此莊的降筆會是由當地富豪黃紫雲所主持的觀音佛堂，後改設鸞堂來從事戒煙活動，其戒煙效果非常明顯，故到該堂進香戒煙者常常每日達數百人，成功戒除鴉片煙癮的人也不在少數，此種情況引起警察的注意。1901 年 4 月 20 日至 5 月 3 日，苗栗辦務署的警察約談苗栗一堡沙坪莊的鸞堂之主黃柴雲及黃力雲、麥瑞先及金鸞堂主李緝庵，就以下問題進行詢問調查：

第一、提出設立鸞堂設立必要之理由書。

第二、鸞堂之起源及其相承。

第三、從來之布教傳道的方法。

第四、主神名稱及信徒扶鸞之法語。

第五、鸞堂之地址，有無維持經費及堂主之職業姓名。

第六、奉誦之經典，其版權所有者及資本金。

第七、現在信徒總數及其教化人民之顯著事蹟。

第八、信徒、鸞堂總監、主宰、管長之姓名及被談人之履歷。〔註 34〕

金鸞堂李緝庵給予的答覆為：「臺人信神垂二百年，相沿日久遂成風俗，始則因信而生敬，繼而因敬而生畏，故百姓之畏王法，常不及其畏神明，於

〔註 34〕（日）《鸞堂調查記》。

是有以神道設教之說，此鸞堂之所由設也。堂中施行之事，以降筆造勸誡洋煙為主，其書中所引證者皆是善惡報應之事，使民人若知警者不敢為非，有關於風化，若戒煙一事又屬顯然之利益也。至於堂內組織之人，係為行善起見，各皆自備飯食，並不敢取分文，豈邪太師巫惑世圖利者，所可同年而語哉！各鄉村街莊有二、三有志者共設一鸞堂著作詩文，宣講勸善戒惡。近日蒙警官諭令停止，疑為降筆會邪說惑人等因，但未察此鸞堂之由，天下事豈有忠義反日為邪說者乎？則國家設官分職教民撫民之事亦邪事之舉。但未知身犯何罪？律犯何條？誠令人不解也。尚政府欲加以罪，吾等有殺身成仁之美。惟願不道父母官，大發慈心，勿聽讒說，體恤下情，准此宗教盛行，從此風清俗美，官聞民樂，共享升平之世豈不美哉？社稷幸甚！民生幸甚！」〔註 35〕

李緝庵大義凜然從容淡定地向警察簡述了從歷史上臺人信神，以降筆勸誡洋煙並非邪說。從李緝庵的答覆中還可發現，當時總督府已經下諭停止鸞堂的戒煙活動。推測可能在 1901 年 4 月時，就已經開始禁止鸞堂進行戒除鴉片的活動。

另外，根據資料顯示，警察根據對一堡沙坪莊的調查，瞭解到此莊的鸞堂，相承於樹杞林彭殿華。因樹杞林是在臺北縣境內，於是臺中縣警部長小林三郎，以高秘第二十九號函附苗栗沙坪莊鸞堂的調查書，照會臺北縣警部長西美波，請將臺北縣鸞堂降筆會從傳入至今之情況、根底、反映之情形及取締狀況等示知參考。

臺北縣警察署在接到臺中縣警察部的照會後，知降筆會乃從新竹發起，便著手對管內之降筆會進行調查。5 月 21 日（1901 年）警察局高秘第六五二事情之信函，申請新竹辦務署就以下事項進行調查：

1、降筆會之由來沿革及現況。

2、媱祠之方法。

3、道士之姓名性行。

4、信徒之種類人數。

5、迷信之結果是否對身體生命有危險。

6、一般民心所反映之現象。

〔註 35〕（日）《降筆金鸞堂主李緝庵開答記》。

7、是否有必要取締及其方法意見。〔註36〕

新竹辦務署署長里見義正收到照會後，立即令樹杞林支署長進行調查。該署保安課高等警察警部小山謙會同各支署警員進行了一周的偵察。他們通過調查向上級遞交了《樹杞林支署長報告》，從七個方面進行了報告，認為新竹辦務署管內之降筆會為迷信行為，並非排日之政治性的秘密結社，不過要注意防範別有用心之信徒利用迷信團結之力量。其雖為非政治性秘密結社，但對社會當然沒有任何益處，惟對迷信極為深厚之臺民，如馬上斷然禁止之，則必然謠言四起，祭祀活動也將轉入地下，更加難以查辦，故宜採取徐徐加以誘導，改變其迷信心態，故需要警察繼續加以偵查。〔註37〕

雖然新竹辦署內的調查並沒有大問題，滬尾管署內之降筆會，則有此不同。此署管內之降筆會事件，被稱為「仙壇事件」。

6月18日村上署長的報告則稱：

一、管內之仙壇事件，表面上係宣傳勸善懲惡之道，為病人及鴉片癮者扶鸞祈禱，稱為宣託神仙降示藥方，頗傳有其靈驗，但無進一步之功效，故依舊乃半信半疑，目前已經漸次衰退之情況。

二、然而觀察其會員之中重要人物，則其實情為如製鹽業、樟腦業、鴉片業等最有利益之事業，俱收是為官方之實業。因此日本據臺以後，民間之種營業均遂日見衰退，加之種稅捐逐年增加，人民陷於塗炭之中，人民之利益比清代有雲泥之差，故以與中國義民相謀，在暗中或公然排斥日本人，當為目前之急務，此亦為仙壇之宣託。

三、事實如此，其外表之行為在政治上雖無不妥，但重要倡所說者，為眾人所相信，則無不麻煩，故正在嚴密偵查何人為其首領力倡其事。〔註38〕

七月三日時，村上署長再向村上知事報告：

一、有關樟腦業、鴉片業、製鹽業，納稅事件及排斥日本人等之謠

〔註36〕（日）《降筆會的由來兼現今狀況》，《機密文書綴（降筆會之部臺南縣）》（冊號：9503；門號：3；門別：警察；類別：高等警察）。

〔註37〕（日）《樹杞林支署長報告》，《機密文書綴（降筆會之部臺南縣）》（冊號：9503；門號：3；門別：警察；類別：高等警察）。

〔註38〕（日）《仙壇一名飛鸞降筆會ノ報告》，《降筆會相關書類綴（原臺北縣）》，（冊號：9141；門號：3；門別：警察；類別：高等警察）。

言，並非僅限於本辦務署管內，似為從宜蘭、新竹、甚至遠自臺中地方傳入。本管內唱和者，有芝蘭三堡林仔街莊李又桂，興化店莊李宗範、盧犀，灰磘莊陳良全等，漸次在管轄內隨時流傳。

二、仙壇之組織似為一種秘密結社，信徒間定有內規，頗為秘密，雖是父子也互相守密，其目的心在於欲將臺灣復歸中國，然而此事業並非容易可成功。

三、此事以居中於中國廈門之隱龍林維源為主魁，而與臺灣全島各地之仙壇密切聯繫。運動費用之支出毫不吝嗇。彼等活動之主要人物多為地方名望家族、資產家、文人等，擲私財，自費往來各地，到福州、廈門旅行者亦頗頻繁。中本事件絕不可視為一片之杞憂。〔註 39〕

總督府鑒於降筆會的戒除活動，已經出現反日跡象，更因前述降筆會戒煙運動使臺灣各地的鴉片銷售受到很大影響。時任臺灣總督府民政長官，鴉片制度的創始人後藤新平考慮對降筆會採取壓製取締政策。此時，臺灣各地的武裝反抗鬥爭已經接近尾聲，總督府的政策開始轉向經濟，以擺脫財政上長期依賴於日本內地之困境。對於降筆會之戒煙活動帶給財政上的影響，密令各縣廳長：「在目下之狀況，立即採取強制的制止手段非為良策，宜加以懇切勸告。警察上則應防止該會再蔓延擴其他方面，同時對迷信者多勸說其理由，以免陷入虛說誑惑，希切實加以取締。」

從後藤新平的密令內容來看，並不主張採取強制的手段，而是要以懇切勸告之方式。後藤新平之所以希望採取此種方式，在筆者看來可能是出於以下幾點：

首先、自 1895 年據臺以來的武裝反日鬥爭已經日漸消沉，如果對降筆會這種以迷信方式出現的帶有反日情緒的活動，也以強制的手段來進行鎮壓的話，可能會引起臺灣社會民眾仇日情緒再次高潮。

其次、各地方降筆會之主倡者，多為前清之秀才、辦務署的參事、街莊長、保甲局長等地方有識者，及有名望及地方地主富豪。

在後藤密令發出後，總督府開始對鸞堂進行強力監視，於 7 月 3 日召

〔註 39〕轉引自王世慶，《日據初期臺灣之降筆會與戒煙運動》，《臺灣文獻》第三十七卷第四期，第 131 頁。

開的辦務暑第二課長會議時下發了「注意監視鸞堂」〔註 40〕的指示，並提出具體的處理意見：「自本年二、三月起，在新竹、滬尾等地方流行鸞堂扶鸞降筆，稱可治癒鴉片癮者，尤其以客家部落最為隆盛。因為迷信誑惑愚民，但鸞主、鸞生有學識名望者不少，是以警察上須特別注意之存在。據說臺中縣內極其隆盛，且漸次南進，信徒激增，而且往往有鼓吹排日主義者。據滬尾辦務署長之報告，亦認為其內部多少有排日之傾向，本縣管轄內雖尚未見須憂慮之現象，但徵之臺灣歷史，奸雄之徒利用迷信者騷擾者不乏其例，不趁嫩芽割除終須用斧，希先按下記方法嚴密加以注意：利用瞭解事理之地方有力者，列舉事實教訓裏民；將鸞主、鸞生列為第二種須要監視之人，果斷偵察其行動；對鸞堂之說教及神筆，應暗中不斷採取極秘密的方法偵探；對民心之反映應加以最高度的注意；關於降筆會之狀況及鸞生、鸞主之行動，暫時應每週報告一次。」〔註 41〕

同時按照上極的指示，頭份支署長、南莊支署長、新埔支署長、北埔支署長、中港支署長及樹杞林支署長都進行了報告。總督府根據各署長之報告，在 8 月 2 日又向各辦務署發布了「降筆會相關注意之件」，以臺中縣戒煙出現死亡者為由，要求對鸞堂進行「嚴重警戒」。〔註 42〕辦務署遵照指示，召集各管內街莊長、保甲局長、保正、甲長及地方重要人物等開會，要求各地方盡快強制解散關閉鸞堂。

各地積極執行辦務署的命令，向管轄內民眾發布告示，嚴禁民眾參加降筆會，臺南縣發布告示內容如下：

嚴禁設壇降鸞，以安人心，而靖地方事。照得奸民謀為不軌，假神道以惑眾，久垂禁令之中。本知事訪聞，近有所謂降筆會者，假關帝降乩名目，用沙水為人改斷煙癮，及治一切疾病，由北路波及臺南、嘉義一帶，民人先受其煽惑，幾有舉國若狂之勢，今已經蔓延至本城及南路。無知之徒，亦聞風響應信以為真，謂一飲沙水，便能斷癮。相率所請，無非愚昧不明正理，以故易受欺騙。試就支那論之，漢末張角、明代徐鴻儒、清國王倫、李方成、齊王氏等，均假神佛教以惑民，而即以害民，即如去年北京義和拳匪，亦同

〔註 40〕（日）《鸞堂二対する注意》，《機密文書綴（降筆會之部臺南縣）》（冊號：9503；門號：3；門別：警察；類別：高等警察）。

〔註 41〕（日）《鸞堂二対する注意》。

〔註 42〕（日）《鸞堂二対する注意ノ件》，《降筆會二關シ臺北隊臺中臺南ノ各縣知事及廳長二注意》（冊號：4643；門號：6；門別：衛生；類別：阿片）。

一派，受其愚者，遭降鏑而死亡，尤指不勝屈，實屬可歎可憫之至。夫神降於莘，論者謂憑依在德，是人慾，求神祐靜修己德，無不護報之理，所謂作善降祥者，此也。若沙水煽惑愚蒙，斷非正神所為，且人慾戒煙，祇需立定心志，甘耐艱苦，加以調養工夫，不信便能斷癮，若立志不定，目前改煙，日後再吸，雖飲神水何益乎？總之光天化日之中，決不容偽託神佛，煽惑愚民。本知事為民父母，臺南之民，皆赤子也，子有過誤，為父母者，尤宜大聲疾呼，以醒其迷，而免其陷於刑辟，為此示仰盡屬民人知悉，爾等須知妖言惑世，律有名條，切不可相互附和，以假為真，前往祈請，尤不可出頭鳩貲，會眾設立乩壇。夫乩壇名為勸善良，其實匪僻之徒，暗伏其中，以便私圖，大則貽禍全島，小亦貽禍一家。亟宜及早警醒，不為所愚，方是盛世良民。若甘受欺騙，不知猛者，一經發現，咎有應得，首事之人，照律懲辦，督府法令森嚴，到時悔已無及。本知事亦不能為爾等解免也，其懍之慎之，警聽毋違，切切特示。〔註 43〕

各地高等警察也積極偵查所管片區的降筆會的動向並將降筆會的鸞主、鸞生及主要信徒列為第二種須要監視人，不間斷監視其行動。甚至在彰化辦務署管轄區，以捏造謠言而逮捕了武東堡內灣莊開設鸞堂的黃拱振，並以刑法第四百二十七條第十一項給予處分。在各地辦務署及警察機構的努力下，臺灣的鸞堂基本在 1901 年底基本被迫關閉。

小　結

綜上所述，降筆會即為中國傳民間宗教的一種，扶鸞儀式是鸞堂的重要儀式，其用來勸人戒除鴉片是教化的一種運用，早在清朝時候就已經存在。但臺灣能在 1900 年前後形成遍及整個東部的戒除鴉片煙癮的運動，有其深刻的政治背景，即是臺灣陷入異族之統治，各地的武裝起義都被日本憲兵及警察強力鎮壓下去，人民反抗心理得不到宣洩。臺灣知識分子精英意識到總督府實施的所謂鴉片「漸禁專賣」，又是只針對臺灣人民的殖民地經濟榨取手段，並深悉鴉片對身體的大害，故自發地出錢出力成立鸞堂，利用臺灣人信仰神明的習慣，用宗教的教化力量，幫助鴉片吸食者戒除煙癮，以革除傳統陋習，以求得自強之目的。但隨著降筆會在各地的發展及戒除者的

〔註 43〕（日）《告喻第三號》，《機密文書綴（降筆會之部臺南縣）》（冊號：9503；門號：3；門別：警察；類別：高等警察）。

增多，使鴉片的收入大幅銳減，對本就入不敷出的總督府經濟基礎給予了很大的打擊。加之反對鴉片吸食，即是反對日本殖民統治政策，且排日言論的出現也可能發展成大規模的反日運動，故殖民統治者表面上採取懷柔政策，實際上卻予以取締，強制關閉解散各地的鸞堂，使臺民自發的戒煙運動最終被鎮壓下去。後期雖有臺灣民眾黨的反對鴉片吸食運動，但隨著日本侵華戰爭的爆發，也沒能持續下去，至 1941 年時，臺灣依然有鴉片吸食者 8500 多人之多，實為日本殖政策之大劣跡，而這個具有鮮明殖民地特徵的政策，也一直持續到 1945 年。

第七章　鴉片制度在臺灣殖民統治中的財政意義

從對日本在殖民地臺灣實施的鴉片漸禁專賣制度的整個過程中，可以看出一種與「漸禁」完全背離的現象，即如果按照其頒布的方針，其在 1896、1897 年間獲取吸食許可的鴉片癮者，當時的年齡均已經超過二十歲，而鴉片吸食者壽命本就不長，何以在三十年後，依然有二萬多名吸食者，這就證明總督府的政策表面上是「漸禁」，實質是放任新的吸食者。初期日本人在臺灣實施這種「漸禁」政策，除了增加總督府的財政收入這個經濟上的考慮外，另一方面，由於佔領初期武裝抗日激烈，鴉片的管制可能使其活動減弱，也是重要原因。另外，利用鴉片制度的層層結構，網羅各階層人士，利用鴉片的收入所得，將這部分人變成效忠總督府的「御用紳士」，使其成為總督府統治的協力者，這也是臺灣鴉片專賣制度的另一個衍生品。然而，鴉片專賣制度最大的價值則是經濟上的，在日本殖民臺灣的初期，鴉片專賣的收入支撐了臺灣總督府的財政，是臺灣財政得以脫離日本財政幫助獨立的真正「原因」。而臺灣的鴉片專賣制度，也成為日本在各殖民地實施鴉片專賣制度的藍本。更陰暗的是，臺灣的鴉片專賣制度，成為日本國家販毒的重要的源頭及掩護場。矢內原忠雄曾在《帝國主義下的臺灣》中指出：「臺灣實為本國財政及經濟上的最富價值之殖民地」〔註 1〕，對臺灣殖民地在財政上的價值給予極高的評價，而這「價值」的最大體現，就是以損害臺灣人民健康及沾滿臺灣

〔註 1〕（日）矢內原忠雄，《帝國主義下の臺灣》，第 188 頁。

人民血淚為代價的所謂「漸禁」制度所帶來的鴉片收入。

一、鴉片在清統治時期的財政意義

臺灣鴉片在荷蘭佔領時期，其吸食之風氣遠遠甚於大陸。十九世紀中葉時，臺灣吸食鴉片的人多時竟達50萬，年耗鴉片10萬斤。〔註2〕《斯未信齋存稿》載時任臺灣兵備道徐宗幹書：「銀何以日少？洋煙愈甚也；民何以日貧，吃煙愈多也。……以每人每日約計之，須銀二錢；就臺地貴賤貧富良莠男女約略吃煙者，不下數十萬人，以五十萬講之，每日耗銀十萬兩矣。」〔註3〕又有劉家謀《海音詩》記咸豐初年情形：「煙渣館多營卒所開，收鴉片煙之灰熬而賣之；地狹，不足庋床，每隔為兩三層，以待來者。無賴之輩囊無一錢，至為小偷，為數十文以求度癮。」〔註4〕詩云：「舐罷餘凡尚共爭，淮南雞犬可憐生；漫將上下床分別，如豆燈光數不清。」〔註5〕足見遺害之深。這些鴉片，主要是由英國商人從印度經華南運入臺灣。

根據日本人在臺北所做的調查，也證明臺灣的鴉片基本都是由外國商人，特別是英國商人帶來的：「鴉片渡來本地，在距今約四、五十年前，英國商人攜鴉片來臺，勸土人試吸而起。其一再試吸者，或感目眩頭暈，或有因麻醉而致死者，曾一時釀成騷擾，嗣逐漸慣於其習性，竟至欲廢不能，如今已遍及全島，幾無地不吸矣。惟大稻埕有美利士洋行、怡記洋行、寶順洋行三商會，英商據此三處洋行，勸土人吸煙，於是試吸者逐增。」〔註6〕另外據總督府在臺南之調查結果，認為：「鴉片輸入臺灣之始，應上述及清乾隆年間，迨道光初年，乃大肆流行。惟是時兩廣總督林則徐對吸煙者曾發嚴禁令，曾將吸煙者處斬，雖有一時終絕之狀，惟該總督死後，立恢復舊態，復大肆流行矣。」〔註7〕

不管鴉片煙的來源如何，臺灣的鴉片與清政府的財政有著極大的關係。臺灣的鴉片輸入，自1870年（同治9年）至臺灣割讓時止，每年平均不下40

〔註2〕周憲文，《清代臺灣經濟史》（臺灣研究叢刊第四五種），臺灣銀行，1957年，第92頁。

〔註3〕周憲文，《清代臺灣經濟史》（臺灣研究叢刊第四五種），第92頁。

〔註4〕周憲文，《清代臺灣經濟史》（臺灣研究叢刊第四五種），第92頁。

〔註5〕周憲文，《清代臺灣經濟史》（臺灣研究叢刊第四五種），第93頁。

〔註6〕《鴉片事項調查書》，《日據初期之鴉片政策》第一冊，臺灣省文獻委員會，1978年，第51頁。

〔註7〕《鴉片事項調查書》，《日據初期之鴉片政策》第一冊，第52頁。

萬斤。下表為 1864 年至 1895 年歷年鴉片的純輸入統計表：

年 次	純輸入（斤）	年 次	純輸入（斤）	年 次	純輸入（斤）
1864	99,700	1875	415,900	1886	454,567
1865	228,800	1876	451,800	1887	424,794
1866	254,200	1877	508,200	1888	464,293
1867	258,600	1878	470,100	1889	473,487
1868	203,300	1879	552,200	1890	584,276
1869	257,100	1880	579,600	1891	558,200
1870	289,700	1881	588,072	1892	514,100
1871	328,000	1882	459,648	1893	468,700
1872	334,100	1883	401,833	1894	390,900
1873	359,300	1884	357,772	1895	172,900
1874	416,900	1885	377,506		

*此表轉引自《臺灣阿片志》第 8～9 頁。

從上表清政府所統計的歷年鴉片的輸入量來看，自第二次鴉片戰爭以後，臺灣的鴉片輸入量逐年上升。這裡面還不包括偷偷走私進來的鴉片的數量，可推想當時鴉片的輸入量之巨大。

另外，在連橫的《臺灣通史》中，也有「清代臺灣鴉片進口表」，數以箱計，如下表所示：

年　份	滬尾及基隆	安平及旗後	合計（箱）
1878	1848	2853	4701
1879	2165	3387	5552
1880	2149	3647	5796
1881	2142	3739	5881
1882	1584	3012	4596
1883	1265	2752	4017
1884	1270	2308	3578
1885	1436	2339	3775
1886	1633	2913	4576
1887	1622	2626	4248
1888	1974	2672	4646
1889	1983	2752	4735
1890	1967	3076	5043
1891	2181	3401	5582
1892	2103	3036	5139

由以上兩表可以看出，從 1864 年開始，臺灣每年鴉片的輸入都不少於 30 萬斤，若每百斤的平均價格以 400 兩白銀計算，每年所耗即高達 120 萬兩。

下表為 1882～1891 年歷年鴉片輸入金額表（單位：海關兩）：

年 次	Patna 鴉片	Benares 鴉片	波斯（Persia）鴉片	合 計
1882	----	991,841	----	991,841
1883	----	1,163,097	----	1,644,999
1884	481,912	481,811	1,254,133	1,769,929
1885	333,985	479,896	1,453,273	1,933,487
1886	218	452,081	1,756,552	2,212,140
1887	3,057	496,670	1,523,683	2,020,353
1888	----	552,628	1,846,870	2,399,498
1889	----	373,914	1,804,246	2,178,160
1890	----	340,145	2,027,084	2,367,229
1891	370	248,400	1,754,896	2,003,666

從上表來看，清政府每年用於購買鴉片的金額也十分驚人。

鴉片在各種貿易總輸入中所佔比重如下表所示。

年 代	鴉片輸入金額（海關兩）	輸入總金額（海關兩）	鴉片金額所佔比重
1882	991,841	3,139,236	32%
1883	1,644,999	2,620,845	63%
1884	1,769,929	2,572,170	69%
1885	1,933,485	3,196,382	60%
1886	2,212,140	3,560,183	62%
1887	2,020,353	3,842,050	53%
1888	2,399,498	4,019,799	60%
1889	2,178,160	3,630,191	60%
1890	2,366,229	3,899,556	61%
1891	2,003,666	3,748,186	53%

*此表轉引自東嘉生原著，周憲文譯，《臺灣經濟史概說》（帕米爾書店，1985 年），第 205 頁。

從上表來看，鴉片輸入金額從 1883 至 1891 年間，已經占到輸入總金額的百分之六十以上。

下表為鴉片的收入在清政府總收入中的比重表：（單位為：1000 海關兩）

年度	鴉片輸入量（斤）	鴉片收入			政府總收入②	①／②
		海關稅	釐金稅	總計①		
1881	588,072	139	----	139	538	26%
1882	459,648	114	----	114	572	20%
1883	401,833	94	----	94	491	19%
1884	357,772	89	----	89	508	18%
1885	377,506	90	----	90	525	17%
1886	454,567	126	----	126	536	24%
1887	424,794	126	299	426	872	49%
1888	464,293	139	371	510	1002	51%
1889	473,487	142	378	520	990	52%
1890	584,276	151	403	555	1045	53%
1891	558,200	167	446	614	1111	54%
1892	514,100	154	412	466	1079	53%

*此表轉引森久男，《臺灣阿片處分》，第 5～6 頁。

從上表來看，鴉片海關稅及釐金的收入，在日本接收臺灣的前十年，已經占到了收入的一半以上。這說明，本應主要輸出是茶、糖及樟腦為主的臺灣貿易，因為鴉片的大量輸入使用，其稅收及釐金卻已經佔據了半壁，其財政的根基完全是依賴鴉片的收入所得，這顯示臺灣在這時期的經濟，已經陷入失序狀態：「1884 年（光緒 10 年）法人之役，南北禁港，商船杜絕，鴉片不至，高價日昂，每箱漲至千元。兵備道劉璈奏言，臺灣通商，以洋藥為大宗，每年進口售錢四五百萬兩，今法封口，洋藥不通，曾經紳耆公請，從權劃出官莊，准民自耕。……臺灣銷者，以印土為多，洋人運來易貨，臺商亦自採辦。臺南販土之商合設一會，曰芙蓉郊，輪年值理，……售煙者曰芙蓉鋪，亦有公會，銷用之廣，幾於粟米麻絲矣。」〔註 8〕

故在清代臺灣，「歐美的洋行商人，一方面向臺灣輸入鴉片及工業品，一方面廉價輸出臺灣的茶、糖、樟腦等土產，而利用一部分的本地商人為買辦，以達其掠奪與剝削的目的。買辦介於外國商人與本地市場之間，成為外國資

〔註 8〕《臺灣通史》；周憲文，《清代臺灣經濟史》（臺灣研究叢刊第四五種），第 93～94 頁。

本主義經濟及政治的奴僕，使臺灣農民隸屬化。」〔註 9〕

鴉片的收入在清統治臺灣末期時，所佔的比重極高，可以說是構成了統治的基石。日本在接收臺灣時，其民政局長水野遵就著手對臺灣的鴉片進行調查，從其《臺灣鴉片處分》中可以看出，其所謂的「鴉片嚴禁為逐客令、刑法力量不能嚴禁鴉片」等，都因鴉片收入為「各殖民政府唯一的財源」。〔註 10〕

二、鴉片專賣制度在殖民地統治中的財政意義

西方工業革命之後的殖民地佔領，主要是為了開闢迫切需要的市場，以消化本國生產的工業製成品。但日本並不是工業國家，其殖民地的主要功能並不是開闢市場，而是為了經濟資源的掠奪。日本統治臺灣的初期，各地反抗不斷，總督府被迫開始實施軍政，臺灣總督在調集大量憲兵進行鎮壓的同時，經濟上也遇到了重重困難。臺灣由軍政轉到民政後的 1896 年，日本的會計法實施於臺灣，使臺灣的財政亦需依照程序，將預算與決算交付帝國議會協贊審議。〔註 11〕後藤新平的臺灣鴉片相關提案，「相當受財政當局所歡迎」〔註 12〕的理由，即為鴉片的收入。1896 年，總督府制定的其臺灣歲入為 6,682,236.603 日元，這其中就包括鴉片的收入 3,557,827.000 日元。但由於鴉片專賣制度延遲實施，使鴉片收入基本落空。結果該年度的實際歲入僅有 2,711,822.663 日元，而當年實際歲出是 10,696,868.678 日元。〔註 13〕這樣日本中央政府當年補助臺灣金額高達 694 多萬日元。〔註 14〕

如前所述，當時的日本正在擴張陸海空軍、設立鋼鐵廠等，日本財政十分緊張。日本政府緊急出臺了「臺灣總督府特別會計法案」〔註 15〕，除了規

〔註 9〕周憲文，《清代臺灣經濟史》（臺灣研究叢刊第四五種），臺灣銀行，1957 年，第 96 頁。

〔註 10〕（日）水野遵述，《臺灣鴉片處分》，第 18～21 頁。

〔註 11〕（日）《御署名原本・明治二十九年・勅令第百六十七號・會計法ヲ臺灣ニ施行ス》，JACAR：A03020240799。

〔註 12〕（日）山田豪一，《臺灣阿片專売一年目の成績》，第 146 頁。

〔註 13〕（日）《臺灣総督府統計書第 1 回明治 30 年》，JACAR：A06031501500。

〔註 14〕（日）大蔵省，《明治大正財政史》第 19 卷，財政經濟學會，昭和 15 年，第 917 頁。

〔註 15〕（日）《御署名原本・明治三十年・法律第二號・臺灣総督府特別會計法》，JACAR：A03020269300。

定臺灣財政獨立之外，還授予臺灣總督財政權，以促成臺灣財政的獨立。法案的實施，給臺灣總督帶來了巨大的壓力，致使時任總督的乃木希典甚至想將臺灣「賣給」其他國家。但陸軍大臣兒玉源太郎堅決反對，並表示自己願意前往臺灣擔任總督。

兒玉源太郎任總督後啟用藤新平，他們以穩定治安，開拓臺灣所需財源為要任。後藤新平到任後，馬上發表了「臺灣財政二十年計劃」，該計劃以增加地租、專賣、事業公債和地方稅等途徑來增加財政收入，以期達到臺灣財政獨立的目的：「製作自本年度起至明治 51（1918）年度止，橫亙二十年間之收支預算，逐漸減少來自日本內地的補助金額，計劃於明治 42（1909）年度以後，使臺灣財政全然獨立自給。若為生產事業，則發行事業公債，以籌措資金，自明治 37（1904）年度起，當可償還利息百萬圓以上之本金，明治 43（1910）年度起，則多少可有盈餘。」〔註 16〕

這裡所謂的「專賣」，就是單純指鴉片的專賣。因臺灣的「專賣」制度是從鴉片開始的，至 1899 年 4 月時，才有第二項專賣品「食鹽」的出現。1901 年時成立了總督府專賣局，1905 年時，煙草才成為總督府的專賣品。

下表為 1897 年至 1913 年臺灣特別會計中鴉片與地租收入比較表（日元）：

年　度	鴉片收入		地租收入		經常歲入 c	日本與臺補助金額
	金額 a	a / c	金額 b	b / c		
1897 年	1,640,210	30.90%	835,650	15.70%	5,315,879	5,959,048
1898 年	3,467,339	46.30%	782,058	10.40%	7,493,650	3,984,540
1899 年	4,249,577	41.80%	841,955	8.30%	10,158,651	3,000,000
1900 年	4,234,979	32.40%	912,922	7.00%	13,062,520	2,598,611
1901 年	2,804,894	23.90%	869,003	7.40%	11,714,647	2,386,689
1902 年	3,008,488	25.30%	897,219	7.60%	11,876,853	2,459,736
1903 年	3,620,335	29.20%	922,232	7.40%	12,396,007	2,459,736
1904 年	3,714,012	23.00%	1,955,770	12.10%	16,170,335	
1905 年	4,205,830	19.40%	2,975,735	13.70%	21,699,928	
1906 年	4,433,862	17.30%	2,983,551	11.60%	25,656,672	
1907 年	4,468,514	15.50%	3,006,195	10.40%	28,850,117	

〔註 16〕（日）《臺灣治績志》，臺灣日日新報社，昭和 12 年，第 368～369 頁。

1908 年	4,611,913	17.20%	3,041,746	11.30%	26,832,437	
1909 年	4,667,399	15.20%	3,078,912	10.10%	30,606,087	
1910 年	4,674,343	11.30%	3,108,712	7.50%	41,364,163	
1911 年	5,501,548	13.00%	3,123,771	7.40%	42,393,795	
1912 年	5,262,685	12.40%	3,105,239	7.43%	41,530,920	
1913 年	5,289,595	13.80%	3,073,513	8.00%	38,330,994	

*此表轉引自劉明修著，李明峻譯，《臺灣統治與鴉片問題》第 124 頁。

如上表所示，從鴉片制度實施的 1897 年開始，至 1904 年八年的時間裏，鴉片的收入均占歲入總收入的百分之二十以上，最多的 1898 年竟達到百分之四十六強。故可以說如果沒有鴉片的收入，殖民地臺灣的經濟就失去了基礎，總督府的財政獨立也不能實現。

在鴉片專賣取得巨大經濟效益的推動下，臺灣總督府又於 1899 年 4 月施行食鹽的專賣，7 月，又將樟腦做為專賣。鹽與樟腦都臺灣重要的物產，故總督府於 1901 年 6 月時設立了總督府專賣局，並將總督府製藥所併入專賣局，成為其下的「製藥課」。這樣由鴉片專賣成功的經驗，逐漸擴大至食鹽、樟腦及煙草的專賣收入，成為殖民地臺灣重要及穩定的財源。

下表為 1897～1913 年度鴉片、食鹽、樟腦及煙草的專賣收入表：

年　度	鴉　片	食　鹽	樟　腦	煙　草
1897 年	1,640,210			
1898 年	3,467,339			
1899 年	4,249,577	270,827	917,877	
1900 年	4,234,979	358,333	3,752,267	
1901 年	2,804,894	510,202	3,253,391	
1902 年	3,008,488	672,815	2,528,802	
1903 年	3,620,335	472,851	2,258,217	
1904 年	3,714,012	557,875	3,605,884	
1905 年	4,205,830	667,369	4,235,860	1,496,002
1906 年	4,433,862	711,488	4,865,226	3,044,593
1907 年	4,468,514	754,414	7,221,853	3,500,852
1908 年	4,611,913	692,624	2,400,012	3,380,270
1909 年	4,667,399	824,694	4,427,822	3,712,702

1910 年	4,674,343	821,209	5,529,558	4,009,346
1911 年	5,501,548	884,499	4,856,350	4,416,846
1912 年	5,262,685	759,482	5,814,689	4,523,831
1913 年	5,289,595	800,993	5,093,490	4,719,108

*此表轉引自劉明修著，李明峻譯，《臺灣統治與鴉片問題》第 126 頁。

從上表來看，雖然總督府陸續將食鹽、樟腦及煙草確立為專賣品，但直到 1913 年，臺灣的專賣收入中主要以鴉片為主。

因鴉片收入在財政收入的重要地位，使得總督府在鴉片專賣制度實施的過程中，採用各種手段來增加收入。

首先：總督府從生產的鴉片煙膏的等級中謀利。

總督府對各等級鴉片煙膏的定價是不同的。下表為國民黨政府接收臺灣後所進行調查的日本據臺五十年鴉片煙膏製造數量總表（單位：公斤）：

年代	總產量	一等煙膏	二等煙膏	三等煙膏	甲種煙膏	乙種煙膏
1896 年	4850	823	2214	1813	----	----
1897 年	147422	8288	21245	117889	----	----
1898 年	182959	1516	30847	150596	----	----
1899 年	218829	1108	57647	160074	----	----
1900 年	209839	20802	47286	141751	----	----
1901 年	131206	19533	14224	97449	----	----
1902 年	108197	33027	3879	71291	----	----
1903 年	152463	49511	257	102695	----	----
1904 年	146883	61320	----	85563	----	----
1905 年	167590	75108	----	92482	----	----
1906 年	164634	101835	----	61030	338	1431
1907 年	137136	108436	----	28700	----	----
1908 年	138075	109029	----	29046	----	----
1909 年	150115	99789	----	50326	----	----
1910 年	84104	66498	----	17606	----	----
1911 年	99000	82392	----	16608	----	----
1912 年	117667	96071	----	21596	----	----
1913 年	105364	88841	----	16523	----	----

1914 年	94687	84299	----	10388	----	----
1915 年	88172	81605	----	6567	----	----
1916 年	107484	101685	----	5799	----	----
1917 年	92274	88178	----	4096	----	----
1918 年	85068	83435	----	1633	----	----
1919 年	72560	72560	----	----	----	----
1920 年	58826	58826	----	----	----	----
1921 年	47978	47141	----	837	----	----
1922 年	48740	48740	----	----	----	----
1923 年	52653	52653	----	----	----	----
1924 年	39847	39847	----	----	----	----
1925 年	43005	43005	----	----	----	----
1926 年	36710	36710	----	----	----	----
1927 年	35686	35686	----	----	----	----
1928 年	34244	34244	----	----	----	----
1929 年	32999	32999	----	----	----	----
1930 年	40056	40056	----	----	----	----
1931 年	26916	26916	----	----	----	----
1932 年	23256	23256	----	----	----	----
1933 年	25243	25243	----	----	----	----
1934 年	17386	17386	----	----	----	----
1935 年	18123	18123	----	----	----	----
1936 年	17345	17345	----	----	----	----
1937 年	16272	16272	----	----	----	----
1938 年	15303	15303	----	----	----	----
1939 年	14139	14139	----	----	----	----
1940 年	13600	13600	----	----	----	----
1941 年	12942	12942	----	----	----	----
1942 年	7610	7610	----	----	----	----
1943 年	5310	5310	----	----	----	----
1944 年	2128	2128	----	----	----	----

*材料來源：1942 年度以前根據前臺灣總督府專賣事業第四十二年報，1943 年度以後根據專賣局直接造送材料編制。

從上表來看，從鴉片專賣制度實施的 1897 年開始至 1903 年，僅五年時間裏有三個等級鴉片煙膏的生產，從 1904 年開始，到 1918 年，二等煙膏便沒有生產。而從 1919 年以後，基本只有一等煙膏的生產。

下表為臺灣鴉片煙膏的定價表：

定價時間	每罐定價（元）		
	一等（福）	二等（祿）	三等（壽）
1897 年 3 月 12 日	12（元）	9	7
1898 年 3 月 12 日	12*	9*	7*
1901 年 4 月 12 日	15	12	9
1901 年 7 月 20 日	14	11	7
1910 年 5 月 12 日	21		13
1916 年 6 月 1 日	24		16
1917 年 4 月 1 日	28		20
1918 年 8 月 16 日	35		27
1919 年 12 月 1 日	40		30

*上表傳引自《臺灣阿片志》第 293 頁。上表中 1897 年鴉片煙膏每罐為 450 克，但 1898 年開始標有*以下均為 376 克。

從上表來看，鴉片煙膏的定價，除了 1901 年前後受「降筆會」的影響，煙價有所降低外，其價格一直在上漲，特別是 1916 年以後漲幅更大。這也是為什麼吸食者逐年減少，但鴉片的收入卻逐年上升的重要原因。

其次，使用劣等品鴉片殘渣來製造鴉片煙膏。

前述曾記載總督府為了達到經濟利益，從早期就開始實驗從原料鴉片中提取主要成份嗎啡，以生產粗製嗎啡，致使煙膏中的嗎啡含量大大降低。鴉片煙膏中嗎啡的含量的減少，不僅使「吸食者之嗜煙狀況有漸次自三等煙膏轉向一等煙膏的走向」〔註 17〕，而且可潛在地增加鴉片專賣的收入。不僅如此，後來在鴉片原料緊張的情況下，總督府開始收購鴉片殘渣進行再次利用，下表為臺灣總督府歷年鴉片原料及殘渣收購及使用表：

〔註 17〕劉明修著，李明峻譯，《臺灣統治與鴉片問題》，第 132 頁。

年度	鴉片原料				鴉片殘渣			
	收購及其他收入		使用		收購及其他收入		使用	
	數量（公斤）	數量（臺幣元）	數量（公斤）	價值（臺幣元）	數量（公斤）	數量（臺幣元）	數量（公斤）	價值（臺幣元）
1896年	145578	1573384	5782	82037	----	----	----	----
1897年	89437	986816	169239	1832695	----	----	----	----
1898年	149803	1714595	204767	2303745	----	----	----	----
1899年	234842	2959774	229864	2880494	----	----	----	----
1900年	198519	2965559	202351	3017937	----	----	----	----
1901年	146154	1909176	123456	1696756	----	----	----	----
1902年	131662	1333357	107145	1158609	----	----	----	----
1903年	133623	1944881	151227	1928752	----	----	----	----
1904年	121899	1925343	143951	2193445	----	----	----	----
1905年	187792	2693895	188467	2753152	----	----	----	----
1906年	219196	2815211	209899	2719546	----	----	----	----
1907年	193365	2667241	172690	2297561	----	----	----	----
1908年	157907	2269119	154730	2210799	----	----	----	----
1909年	142153	2565721	161636	2616435	----	----	----	----
1910年	138428	3041004	89585	2284132	----	----	----	----
1911年	84490	2300246	119299	2789850	----	----	----	----
1912年	136597	3305964	135881	3173054	----	----	----	----
1913年	131433	3118943	115978	2953488	----	----	----	----
1914年	111913	2082508	105498	2089448	----	----	----	----
1915年	107552	2129193	102354	1958287	----	----	----	----
1916年	126702	3845037	141293	3528714	----	----	----	----
1917年	119514	4712509	126184	4480028	----	----	----	----
1918年	99466	6062485	106832	4434958	----	----	----	----
1919年	135426	6875117	80147	4061282	----	----	----	----
1920年	126832	4453675	88659	5087396	----	----	----	----
1921年	21985	616047	68211	2675579	----	----	----	----
1922年	72530	1366155	73093	2437436	----	----	----	----
1923年	57841	1875651	77939	1725530	----	----	----	----

1924 年	58403	2058150	62301	1325656	----	----	----	----
1925 年	62255	2467446	47355	1794702	----	----	----	----
1926 年	10952	279092	38726	1438501	----	----	----	----
1927 年	14293	466650	36115	1491268	----	----	----	----
1928 年	21446	717801	35464	1262395	8502	190285	----	----
1929 年	31904	906103	31091	975743	6492	169767	8585	194875
1930 年	35174	848865	33801	1072281	5408	91864	6323	160849
1931 年	48302	1158204	24998	614605	1828	29949	823	17793
1932 年	20941	651069	21339	480379	5468	100842	2988	52240
1933 年	16174	505530	23152	525454	5588	93333	4726	79311
1934 年	7258	238850	15389	381094	3919	64793	1279	22371
1935 年	3277	86492	15092	417765	4891	76194	2293	44795
1936 年	3641	100127	13181	405601	4851	84033	2854	51893
1937 年	----	----	12630	406991	----	----	2492	40049
1938 年	----	----	13974	444145	----	----	1704	25602
1939 年	12622	555492	8440	254815	----	----	4853	81588
1940 年	7315	536610	12852	650808	----	----	4990	86996
1941 年	11472	975568	10173	784238	----	----	3037	42698
1942 年	8140	1437775	7126	701217	----	----	----	----
1943 年	1500	270000	6403	1144490	----	----	----	----
1944 年	3277	589941	3667	659117	----	----	----	----
1945 年	224	80745	500	90000	----	----	----	----

*材料來源：1942 年度以前根據前臺灣總督府專賣事業第四十二年報，1943 年度以後根據專賣局直接造送材料編制。

從上表來看，自 1928 年開始，總督府開始收購鴉片殘渣，並使用鴉片殘渣進行煙膏的生產。

三、以各種手段掩飾鴉片的財政目的

1. 以特許吸食人數的減少來掩飾鴉片的財政目的

近代的日本，常常拿臺灣鴉片制度作為炫耀資本，並將吸食人數的減少作為宣傳利器。下表為 1897～1918 年二十年間臺灣鴉片吸食者數量的變化及鴉片的收入表；

年 度	特許吸食者的人數	鴉片的收入（日元）	吸食者每年支出額（日元）
1897 年	50,597	1,640,210	
1898 年	95,449	3,467,339	
1899 年	130,962	4,249,577	
1900 年	169,064	4,234,979	25.05
1901 年	157,619	2,804,894	17.80
1902 年	143,492	3,008,488	20.97
1903 年	132,903	3,620,335	27.24
1904 年	137,952	3,714,012	26.92
1905 年	130,476	4,205,830	32.23
1906 年	121,330	4,433,862	36.54
1907 年	113,165	4,468,514	39.49
1908 年	119,991	4,611,913	38.44
1909 年	109,955	4,667,399	42.45
1910 年	98,987	4,674,343	47.22
1911 年	92,975	5,501,548	59.17
1912 年	87,371	5,262,685	60.23
1913 年	82,128	5,289,595	64.41
1914 年	76,995	5,226,349	67.88
1915 年	71,715	5,870,408	81.86
1916 年	66,847	7,132,520	106.70
1917 年	62,317	7,970,107	127.90
1918 年	55,772	8,105,278	145.33

*此表轉引自劉明修著，李明峻譯，《臺灣統治與鴉片問題》第 126 頁。

從上表來看，其特許吸食人數於 1900 年達到最高峰，其後吸食人數在逐年減少，之後雖然總督府在 1904 年新特許 30,000 人，1908 年又特許了 16,000 人，但都沒有改變其吸食人數減少的趨勢，這是因為鴉片吸食者壽命減少死亡所致。但從鴉片的收入上來看，相反卻有上升的趨勢，特別是吸食者每年用於鴉片的開銷，與初期相比，竟然增加六倍左右，即使除去物價上漲等因素，其利用鴉片吸食榨取臺灣人民的目的也極為明顯。

2. 以「漸禁」為名實則「放任」臺灣人民吸食

日本在臺灣實施鴉片專賣制度，其實質就是為了經濟上榨取臺灣人民。由於當時的經濟條件，加之吸食鴉片對人體的損壞，鴉片吸食者的壽命都極短，特許吸食者的人數減少是必然的，故總督府有意放寬申請者的條件，並縱容密吸食者的存在，並以此為藉口，一次次增加特許者的登記。下表為從 1905 年至 1931 年間隔年一次的臺灣鴉片煙犯罪表：

年　度	犯罪人次	年　度	犯罪人次
1905	1550	1907	3558
1909	2573	1911	4248
1913	6215	1915	4953
1917	6562	1919	6000
1921	5943	1923	4875
1925	6282	1927	5248
1929	4297	1931	3701

從上表來看，所謂的鴉片犯罪從來就沒有停止過，連劉明修都認為「對總督府為增加鴉片煙膏的銷售量，蓄意放任臺灣人非法吸食的質疑，應非空穴來風。」〔註 18〕

下表為 1897 年至 1930 年各年度每人平均鴉片煙膏吸食量表（公斤）：

年　度	特許人數	鴉片煙膏販賣量	每人年平均吸食量
1897 年	50,597	51,190	1.01
1898 年	95,449	159,523	1.67
1899 年	130,962	197,873	1.51
1900 年	169,064	200,927	1.19
1901 年	157,619	137,492	0.87
1902 年	143,492	126,694	0.88
1903 年	132,903	139,230	1.05
1904 年	137,952	147,519	1.07
1905 年	130,476	147,864	1.13
1906 年	121,330	155,089	1.28
1907 年	113,165	141,122	1.25

〔註 18〕劉明修著，李明峻譯，《臺灣統治與鴉片問題》，第 127 頁。

1908 年	119,991	142,652	1.19
1909 年	109,955	147,610	1.34
1910 年	98,987	112,659	1.14
1911 年	92,975	101,311	1.09
1912 年	87,371	105,394	1.21
1913 年	82,128	102,243	1.24
1914 年	76,995	97,853	1.27
1915 年	71,715	98,598	1.37
1916 年	66,847	101,653	1.52
1917 年	62,317	89,451	1.44
1918 年	55,772	85,799	1.54
1919 年	52,063	74,298	1.43
1920 年	48,012	65,851	1.37
1921 年	44,922	57,831	1.29
1922 年	42,108	53,264	1.26
1923 年	39,463	48,127	1.22
1924 年	36,627	44,229	1.21
1925 年	33,755	41,990	1.24
1926 年	31,434	40,236	1.28
1927 年	29,043	37,323	1.29
1928 年	26,942	34,970	1.30
1929 年	24,626	31,967	1.30
1930 年	23,237	36,359	1.56

*此表轉引自劉明修著，李明峻譯，《臺灣統治與鴉片問題》第 126 頁。

從上表來看，從 1897 年開始實施鴉片專賣制度以後，其特許者雖在 1901 年高峰後逐年減少，其鴉片煙膏的銷售量也逐年減少，但每人每年的吸食量卻一直較為穩定，後期一度有所增加。而至 1930 年，仍然有 23,237 人次的吸食者，可見其放縱吸食的鐵證。

3. 減少嗎啡含量增加鴉片的吸食量以擴張鴉片的收入

總督府為了擴張鴉片的收入，一直在暗中提取原料鴉片的主要成分嗎啡，研製粗製嗎啡及海洛因等新式毒品。鴉片煙膏的嗎啡含量，遂成為絕對的機密。早期吸食用鴉片煙膏的嗎啡含量始終維持於 10%至 12%之間，至

1912 年時，已經降至 8%左右。吸食煙膏嗎啡含量雖然減少，但其口味並未發生改變，故吸食者根本不會知道。由於為了達到癮者精神上的滿足度，故一方面需要增加其每日煙膏的吸食量，另一方面也使吸食者漸次從三等煙膏轉向一等煙膏。這樣除了可以隱性地增加最重要的粗製嗎啡產量，也提高了一等鴉片煙膏的銷售量，增加了鴉片吸食量上的收入。

1915 年開始，總督府專賣局開始生產粗製嗎啡，並將其用在新式毒品及醫療上。而含有嗎啡成分的新式毒品一本萬利，使當時壟斷臺灣粗製嗎啡的星製藥在幾年內快速成長最大的製藥公司。由於日本內地製藥公司對粗製嗎啡利益的垂涎，希望總督府將粗製嗎啡的利益分給他們一些，但總督府專賣局卻以強硬態度的予以拒絕，才最終引發了「臺灣鴉片事件」。故筆者認為，鴉片制度在臺灣被佔領的前期是為總督府財政的目的而存在，但中期以後，則是以提供新式毒品的原料嗎啡為目的，使其作為日本在東亞販毒鏈的重要環節，為日本對外侵略擴張增加收入而存在。

小　結

綜上所述，日本在臺灣所實施的鴉片專賣制度，其財政意義重大，總督府在長達五十年的時間裏，亦如同鴉片癮者一樣，陷入了貪圖鴉片收益的「癮癖」之中。

第八章　近代鴉片問題國際化的肇始

罌粟於盛唐時期經阿拉伯人傳入中國，鴉片在明朝才在中國出現，混合吸食鴉片煙草之法，明末清初由爪哇傳入中國，乾隆時期，單純吸食鴉片法，在中國發明並開始傳播。這樣，中國社會逐漸出現鴉片危害問題，而且愈演愈烈。為了消除鴉片的危害，1729 年（雍正七年），清政府頒布了世界上最早的禁煙令，揭開了世界禁煙史的第一頁。此後乾隆、嘉慶兩朝，清政府也屢頒禁煙令，但由於清代官場貪污腐敗，禁令皆成空文。至道光年間，煙毒危害已十分嚴重，正如林則徐所言：幾無可以禦敵之兵，且無可以充餉之銀。為了維護封建政權的根基，道光皇帝於 1838 年 12 月 31 日任命林則徐為欽差大臣，前往廣東辦理禁煙事宜。林則徐虎門銷煙，舉國稱快，但英國殖民者卻借機發動了鴉片戰爭。《南京條約》及以後的一系列不平等條約，使中國開始淪為半殖民地半封建社會。從 1840 年開始的中國近代史，自開始就打上了與鴉片有關的恥辱烙印。1894 年甲午戰爭後，由於列強在中國劃定勢力範圍，使中國人民開始覺醒，變法自強成為社會潮流，禁煙運動也包括在其中。在清末新政時期，由於中國社會各階級普遍認識到了禁煙的迫切性，因此禁煙呼聲再次高漲，國際社會也普遍認識到了鴉片的危害性，不斷譴責英國對華鴉片貿易政策，引發了世界對鴉片問題的關注，此即是國際鴉片問題的肇始。

一、中國禁煙運動引發了國際鴉片問題的肇始

在世界歷史中，因鴉片而受衝擊最大的國家就是中國。鴉片是中國近代史的一塊瘡疤，也是中國百年恥辱的標誌。1840 年的鴉片戰爭，使中國的大

門被迫打開，大量鴉片開始傾銷到中國。隨著英國借鴉片戰爭將勢力浸入中國，西方各列強也相繼開始向中國滲透，並引發了 1856 年的第二次鴉片戰爭。第二次鴉片戰爭後，內外交困的清政府被迫弛禁鴉片。鴉片弛禁後，既有外來洋藥之摧殘，又有內產土藥之扼殺，整個中國社會煙毒彌漫。清政府的禁煙令也形同虛設，列強對華鴉片貿易日益猖獗。英國輸入中國的鴉片數目，更是大幅度增加，1863 年鴉片進口 70,000 箱，1879 年時，達到 103,000 箱。〔註 1〕

為了拯救這種危局，有識之士或奔走呼號，上疏請求禁煙，或身體力行，設立禁煙社團。光緒初年，在地方督撫的要求下，清政府也曾一度議禁鴉片，但由於對鴉片稅釐的依賴，此次禁煙最終止於「寓禁於徵」，毫無成效可言。

中國面臨著的被瓜分的危險，也使一些長期居住在中國的各國傳教士，深深感受到其母國將鴉片大量輸入到中國，給中國人民帶來的巨大災難。這與他們所傳揚的宗教精神完全相悖，故他們公開在外國教士大會中，呼籲各國停止對中國的鴉片輸入：「鴉片貿易雖非違法，……而實有害於中國。印度、英國及其他從事鴉片貿易之國家……使中國士大夫產生一種懷疑恨惡的心理，而大為傳教之障礙。因此本大會深願迅速停止鴉片貿易……並當反對任何阻礙中國政府限制或禁止吸食與鴉片貿易之行為。」〔註 2〕

外國傳教士的呼籲，是來自上帝的真愛，抑或是已經意識到鴉片無法再帶給其本國更多的利益，現已無法考證。但當時英國經濟對鴉片貿易的依賴，確實已經有所減弱。從 1880 年起，鴉片的輸入開始下挫，其原因為中國本地鴉片的產量大幅增加，特別是自產的鴉片在質量上，並不比進口的差，國內市場開始青睞自產的鴉片，使國產鴉片佔領了較大的市場。〔註 3〕

另外，清政府徵收的高額關稅和釐金，也使英國的鴉片在中國無法獲得更大的利益。根據《天津條約》，中國可以單方面提高鴉片的關稅。後根據《煙臺條約續增條款》，清政府又對每箱進口鴉片徵收 80 兩的釐金。這樣，英國鴉片一到岸，即需繳納 30 兩關稅和 80 兩釐金才能提走。這使英國的鴉片，比中國自產鴉片，起碼要額外貴 110 兩，另外，還有運輸成本的問題。根據條約規定，英國的鴉片只能在通商港口貿易，並不能直接進入內地，也不能

〔註 1〕《清朝末期成功的禁煙運動與鴉片戰爭》，http://www.kzeng.info/opium_treaty。
〔註 2〕於恩德，《中國禁煙法令變遷史》，臺灣文海出版社，第 118 頁。
〔註 3〕《清朝末期成功的禁煙運動與鴉片戰爭》，http://www.kzeng.info/opium_treaty。

在內地建倉庫大量儲存，所以鴉片經過中國商人，運到內地時，成本又要提高，根本無法與中國鴉片相競爭。

另外，還有一個比較重要的因素，從 1873 年到 1903 年間，世界銀價與金價的匯率下跌近三分之二。使用銀本位的中國貨幣，相對於使用金本位的英國貨幣，貶值了很多。匯率變化導致了中國進口貨物價格上漲，出口價格下跌，英國也難於從中獲得更大的經濟利益。

鴉片貿易的衰落，為中英正式協商解決鴉片問題奠定了基礎，但仍面臨很多困難，鴉片帶來的關稅和釐金，當時占財政預算的 5～7%，政府需要鴉片帶來的稅收，而政府中關鍵人物李鴻章、張之洞等人，都在這個問題上搖擺不定（左宗棠倒是一貫主張嚴厲禁煙）。但當時在印度調查西藏問題的唐紹儀，得知英國對日益衰落的鴉片貿易有放棄之意時，立即向慈禧太后報告。慈禧也當即決定開始與英國協商，國內國外同時禁煙。這樣清政府在國內外禁煙時機成熟的情況下，毅然決然地發動了清末禁煙運動。

1906 年 9 月 20 日，清政府頒布禁煙上諭：「自鴉片煙弛禁以來，流毒幾遍中國，吸食之人，廢時失業、病身敗家。數十年來，日形貧弱，實由於此，言之可為痛恨。今朝廷銳意圖強，亟應申儆國人，咸知振拔，俾祛沉痼而蹈康和。著定限十年以內，將洋土藥之害一律革除淨盡。其應如何分別嚴禁吸食，並禁種罌粟之處，著政務處妥議章程具奏。」〔註 4〕

清政府決定禁煙的諭旨登載於邸抄，並轉載於各家報紙，消息很快傳遍國內外。同年，駐華的 1300 名各國傳教士聯名支持清政府的新政，請清政府加強禁煙政策，以示其反對鴉片之決心。1907 年 1 月，更聯名發表致英國政府的公開信，直接指責鴉片貿易的不當。公開信主要內容如下：

一、英國將鴉片輸入中國的行動，將危及英國在中國的貿易，且使中國人心理上對英國臣民及英國勢力懷有甚深的敵意。

二、……以供給中國鴉片來謀求貿易上的利益，有損夙奉基督為尊的一大強國的顏面。

三、英國國民崇信，英國應與此世界共同之災禍斷絕關係，不再染指不淨之財，並以此為重要義務。〔註 5〕

〔註 4〕朱壽朋，《光緒朝東華錄》（第五冊），中華書局，1984，第 5570 頁。

〔註 5〕劉明修著，李明峻譯，《臺灣統治與鴉片問題》，前衛出版社，2008 年，第 139 頁。

由於英國國內一些議會議員，也認為鴉片貿易有損於英國的名望，故而反對繼續對中輸出鴉片。迫於國內外的壓力，英國政府改變了鴉片政策，於1906年12月，中英達成協議，並於1907年與中國締結了《中英鴉片協定》。

該「協定」規定從1908年起，中國每年減少國內鴉片產量10%，英國也減少出口10%，暫行三年，期間再觀察中國禁煙的成果，而於三年期滿後再採取相同之遞減比例，並於十年後完成完全杜絕鴉片的輸入。〔註6〕英國議會為了促成英政府履行該協定，於1908年通過了「鴉片貿易為人道上不應容許的行為」〔註7〕的決議案，以保證英國政府對該協定的遵守。

筆者竊以為，英國人願意簽訂協定，並不表明英國人在鴉片問題上有所悔悟，而是對華鴉片貿易，已經沒有更多的利益可以攫取，且認為中國的禁煙運動，必難於取得實際的成效，故在世人面前故作姿態罷了。

中國政府為了落實「十年禁絕計劃」，於政府內部新設專任禁煙大臣，加強鴉片吸食的管理。在強有力政府政策壓力下，1911年時，中國國內鴉片的減產數量，已經大大超過了規定的時間表，中英之間按《中英鴉片協定》之相關約定，於1911年5月8日簽訂《禁煙條約》，規定本國生產和外國進口的鴉片，在1917年以前完全停止。〔註8〕

此後雖有辛亥革命及民國政府的建立，但英國繼續恪守這個條約，對華的鴉片出口逐年減少。而由中國所引發的禁煙運動，也引發了國際社會對鴉片給全世界帶來的危害的關注，不斷譴責英國對華鴉片貿易政策，從而引發了世界對鴉片問題的關注，也開啟了國際鴉片問題的肇始。

二、第一次上海國際禁煙大會

鴉片不僅對中國社會造成巨大的危害，同時大量也傾銷到遠東地區，導致一些西方國家出現嚴重社會問題，如美國國內及其屬地菲律賓，鴉片吸食和售賣非常猖獗。中國實施禁煙政策後，時任菲律賓主教的美國聖會教士勃蘭特，寫信給美國總統羅斯福，提請他關注國際禁毒問題，及美屬菲律賓的鴉片問題，並建議由中美兩國共同發起國際性禁煙大會。

〔註6〕（日）國際聯盟協會，《阿片會議の解說》，國際聯盟協會，大正14年，第7頁。

〔註7〕（日）國際聯盟協會，《阿片會議の解說》，第7頁。

〔註8〕Agreement Between the United Kingdom and China Relating to Opium The American Journal of International Law, Vol. 5, No. 4, Supplement: Official Documents.（Oct., 1911）, pp. 238-243.

勃蘭特認為，若要徹底剷除鴉片之根基，必須解決好兩大問題，一是世界諸國的鴉片問題，二是中國的鴉片問題。之所以要解決好世界各國的鴉片問題，是因為當時鴉片泛濫問題已成為全球性的重大問題；之所以要解決中國的鴉片問題，是因為中國是受鴉片毒害最深的國家，是世界上最大的鴉片消費國，中國有禁止洋藥進口的權力。中國的禁煙問題必須得到世界各國的協助，只有這樣才能達到禁煙的目的。羅斯福接受了這一建議，提議在遠東地區發起召開一次國際禁煙會議。

然而當時有鴉片生產及貿易的國家，多不願即行停止。故美國方面認為，如果只有一國獨行禁止之策，而其他國家不為配合，鴉片貿易將可能以走私的形式出現，中國禁煙運動最後也許會夭折，故強烈倡導禁煙以國際共同組織的形式，認為禁煙大會應該是一個國際性的機構。於是，美國向在遠東地區有屬地的國家如英國、日本、德國、葡萄牙、法國等國家發出邀請書。

各國政府均積極響應美國的倡議，並派專員參加會議，如當時東亞的日本，已經成為較為先進的國家，特別是日本在佔領臺灣後，在臺灣實施了鴉片漸禁政策，大力向國際宣傳其禁煙之效果，故臺灣境內的鴉片政策，也相應地引起國際的重視。美國政府要想在鴉片問題上取得成效，當然得向日本學習取經。故美國代表塞溫在赴滬與會途中，順道拜訪日本，以取得日本方面的配合與支持。

塞溫與原日本首相、日本憲政本黨總理大隈重信等，商談禁煙問題。大隈表達了對中國禁煙運動的看法，相信中國必定能夠禁絕煙患，但這也存在著重大的困難，即是長期以來的鴉片稅，一直是中國財政收入的主要來源，禁煙之後，煙稅必然被其他稅收取而代之，應該怎樣解決撥補煙稅，是清政府需要著手解決的首要問題。另外，對於中國政府所發動的禁煙運動，國際其他各國都應該助一臂之力。他還認為，中國自實行「以土抵洋」，大獲成功之後，四川等省所產煙土產量逐年遞增，印度鴉片貿易大受損失，而在英國國內，英國人士多以鴉片貿易為恥，強烈要求停止鴉片貿易，如果英國能夠禁止印度栽種罌粟，並且停止對華鴉片貿易的話，必然會贏得國際諸國的稱讚。因此，趁此時機召開萬國禁煙大會，也必然會收穫頗豐。〔註 9〕

而世界最大的鴉片集散地印度，隨著中國國內土藥的自產自銷，運華鴉

〔註 9〕http://baike.baidu.com/view/2233091.htm。

片逐年遞減，印度國內的鴉片大有自產自銷之勢，國內鴉片消費量逐年遞增，癮君子數量不斷增多，鴉片問題也成為印度國內重要的社會問題之一。故印度也希望借助中國的禁煙運動，來消除本國的鴉片癮君子。故印度政府稱，只要中國政府誠心誠意禁煙，印度政府會全力配合實行煙禁，並期望萬國禁煙會議能助中國一臂之力，幫助中國實行禁煙。

英國作為當時世界上最大鴉片貿易國，當然不願意形成世界性的禁煙組織，故提出異議認為，以會議的形式解決鴉片問題不切合實際，認為考核鴉片一切實行情形，及習俗吸食之關係等，為各國政府之責，如設立萬國公會，恐會中只研究其理，難於找到禁止之辦法。但是，英國同時也表示，如果其他國家同意設立召開會議，英國也將願意派員與會。

美國為了切實使國際達成禁煙之方法，在會議召開之前，對美國和美國屬地的鴉片問題作了全面的研究。認為召開國際會議的目的，是要確定鴉片毒害的程度，然後提出措施並加以控制，期望與會所有代表，起草一份國際性報告書，並共同簽署，以達成禁煙共識。

美國政府為了達成上述目的，還在 1908 年 12 月就萬國禁煙會議的辦法，特別照會英國。美國所提議的禁煙會議的辦法內容如下：

（一）設法限制該國所有領土內用煙之數；

（二）商定善策，禁止該國人民在遠東所有之鴉片貿易；

（三）日後在滬集會，美國代表可以預備與參會之各國代表協商，宣示其本國政府將在遠東各領土內施行逐漸禁止鴉片栽種、貿易、吸食相應辦法之定見，俾資中國考慮，以助中國禁絕全國煙患；

（四）將來開會，美國代表即以該國目下現行之章程禁令宣告會中，此項章程凡關於遠東鴉片生產、銷售等各節，可於會同研究之際，共抒意見，討論修改。〔註 10〕

經過美國的多方努力及一年多的國際磋商，認為在中國這個鴉片危害最深的國家禁煙取得最顯著效果的上海召開這個會議，應該是最合適的了，便決定於 1909 年 2 月在上海召開萬國禁煙會議。

1909 年 2 月 1 日，國際鴉片委員會會議在中國上海外灘匯中飯店（今和平飯店南樓）召開，史稱「萬國禁煙會」。來自中國、美國、英國、法國、德國、俄國、日本、意大利、荷蘭、葡萄牙、奧匈帝國和暹羅（今泰國）、波斯

〔註 10〕http://baike.baidu.com/view/2233091.htm。

（今伊朗）等 13 個國家的 41 名代表齊聚一堂，共商禁煙大計。

會議的主題是討論中國的鴉片問題及世界性的毒品泛濫問題，協調各國的立場，並商議採取共同的對策。首先發言的是美國代表——會議的主席勃蘭特，他對能代表美國參加會議並當選會議主席表示感謝。他論證了解決鴉片問題的可行性，認為鴉片問題的解決，要經歷兩個階段。

第二位發言的是中國首席代表兩江總督端方。他表示，能代表中國政府參加萬國禁煙會議深感榮幸，對於美國政府熱心發起此次會議，各國政府均積極參加會議，他代表中國政府和中國人民，對此大為歡迎並深表感謝。

然後，他簡要介紹了中國的禁煙情形。自 1906 年禁煙詔書命令以十年為限，剷除毒患後，在全國範圍內展開大範圍的禁煙運動。按照有關地方的禁煙報告和相關部門的調查顯示，各省土藥減種，均卓有成效，罌粟種植面積已有所縮小。之後他也較為客觀地指出，中國禁煙面臨的三大難題：

（一）外國煙販依據不平等條約，破壞中國禁煙；

（二）禁煙使中國籌款面臨困難；

（三）以往條約中有礙禁煙的內容希望能變通。〔註 11〕

2 月 26 日，萬國禁煙會舉行了最後一次會議，即第十四次會議。大會通過的決議案，由負責修訂的委員會在修訂之後，再提交大會，大會最後通過。這些決議案將由各國與會代表團提交給該國政府，各國政府視本國情況而予以公布。大會於下午宣布閉幕。大會共通過九項決議案：

一、中國政府以禁除全國鴉片煙出產行銷之事，視為重大，實力施行，且與輿情協助，得以日漸進步。故本會會員承認中國之堅誠，雖各處成效不一，然已獲益不淺矣；

二、因思中國政府實行禁阻吸煙之例，他國亦同有此舉動。故本會敦請各代表，陳請各該政府，於其本境或屬地內，體察各國情形，逐漸推行吸煙之禁令；

三、本會查得鴉片煙之用，除作醫藥外，在會各國，均視為禁物，而頒行嚴密條例，使之逐漸消滅。因此，本會承認各國情形雖有不同，惟應敦促各國政府，借鑒別國辦理之經驗者，訂其取締規則；

四、查各國政府均有嚴厲法律，其宗旨或直接間接以禁止鴉片煙，暨鴉片質提製之品，私運入國。因此，本會會員聲明凡與會各國，均有責任訂立

〔註 11〕http://baike.baidu.com/view/2233091.htm。

相當之規例，以禁止鴉片煙暨鴉片質提製之品，運往已頒行上開禁例之他國；

五、查嗎啡之製售流佈，漫無限制，早釀成巨患。嗎啡痼疾，已露蔓延之象。因此，本會甚願力請各國政府，制定嚴厲規則，於其本境或屬地內，以取締此項藥物之製售流佈，及由鴉片中提製雜和之品，研究其質，倘若妄用別與嗎啡毒害相同者，一律限禁；

六、本會會員於組織上礙難按科學之理，研究鴉片煙及戒煙藥品之性質功用，然深悉此項研究極為重要，故本會甚望各代表，將此項問題陳諸各該政府，酌定辦法。

七、本會極力敦促凡在中國有居留地及租界之各國政府，倘於各該居留地及租界之內尚未實行關閉鴉片煙館者，須仿照他國政府已經施行之禁令，參酌情形，迅速舉辦；

八、本會會員敦促凡在中國有居留地或租界之各國代表，須陳請各該國政府，與中國議定條例，禁止製造販賣內含鴉片煙質，或鴉片提製品之戒煙丸藥；

九、本會會員勸勉各國代表，陳請各該國政府，凡在中國有居留地或租界者，施行藥商專律，於領事裁判權限之內，俾該國之民，有所遵守。〔註 12〕

從上述決議案內容來看，上海萬國禁煙會議是以協助中國解決鴉片問題為切入點，著眼於全世界的鴉片與毒品禁絕事業。它是人類歷史上第一次多邊性的國際反毒禁毒會議，它所確認的鴉片等毒品必須在世界範圍內禁止的宗旨，喚起了各國政府與人民對鴉片等毒品帶給人類災難的關注。會議決議的主要內容，後多被海牙禁毒公約所採納，成為國際聯合反毒禁毒的普遍原則。

三、海牙國際鴉片會議

第一次上海鴉片國際會議，是在美國極力主導下召開的。而參加此次鴉片會議的國家，除了英國以外，全部都是鴉片的消費國。而主要的鴉片生產國，如土耳其及波斯等國，並沒有參加此次大會。

鴉片主要生產國不出席國際性的鴉片會議，正是出於英國的計謀。英國的這種做法，目的就是想使會議空轉，因為只要鴉片生產國不出席，那麼鴉

〔註 12〕http://baike.baidu.com/view/2233091.htm。

片的生產及貿易問題，就難於進入會議的議題，會議的議題就只能限定於鴉片的消費。〔註 13〕而上海鴉片會議也是在英美的對立中進行的，其所簽訂的「會議決議書」，並沒有國際法的效力，對簽署國並不具備任何法律的約束力，只表達了大會主辦方的意向及願望。

美國為了使上海鴉片會議「決議案」真正落到實處，力邀參加上海國際鴉片會議的各國，於 1911 年 12 月在海牙再次召開國際鴉片會議。在會議召開前，美國政府向主辦方荷蘭政府外交部長，提交了備忘錄。

備忘錄闡述了美國對世界性鴉片問題的看法，認為：「美國政府認為鴉片問題是重要的世界性問題，其生產、貿易具有重大的經濟關係，欲解決本問題，應採慎重態度，故咸認須經相關列強的合作，基於鴉片會議的決議，期望不單從東洋各國，亦包括世界各國之本國及其屬地、領地，致力將鴉片排除……在國際鴉片會議召開之前，美國國會即已制定法律，禁止醫藥用以外的鴉片輸入美國。然而美國原非鴉片產地，為厲行現有規則，達到絕對去除煙毒的目的，須得鴉片生產地諸國的協助，避免各國相互干戈與各自為政，嚴格取締輸入。」〔註 14〕

從「備忘錄」內容分析來看，美國力主鴉片問題不只是中國的個別國家的問題，其關鍵不在消費國家，而在於生產國及以此為貿易主商品的西方各國，而要從根本上禁絕鴉片，必須靠國際間的合作才能解決。

海牙鴉片會議確定的主旨為：「履行 1909 年上海國際鴉片調查委員會制定的方針，並使之有進一步的提升。會議期待逐漸遏止及禁止諸如由阿片、嗎啡、可卡因等及此類物質製造及衍生出來的具有同等毒害藥品。」〔註 15〕

會議從 1911 年 12 月 1 日召開，一直持續到次年的一月底，足足開了近兩個月，會議最後通過全文共二十五條的「國際鴉片公約」。此公約共「六章」分二十五條。

第一章「生鴉片」（第一條至第五條），其內容為生鴉片的定義；生鴉片的生產、分配及輸出等有效法令及規則的制定；限定締約國各自鴉片的輸出

〔註 13〕劉明修著，李明峻譯，《臺灣統治與鴉片問題》，第 142 頁。

〔註 14〕（日）在內丑之助，《支那阿片問題解決意見》，大正 14 年，第 151～152 頁。轉引自：劉明修著，李明峻譯，《臺灣統治與鴉片問題》第 143 頁。

〔註 15〕（日）《阿片ニ関スル條約及決議集（附內地．外地阿片及痲薬関係法規）／1937 年／分割 1》日本國立公文書館藏檔（簡稱 JCAHR）JCAHR：B1007 0339400。

輸入城市及港口的數量；對禁止輸入國的禁止輸入及限制輸入國的輸入管制；規定各締約國輸出五吉瓦以上生阿片的包裝必須有其單獨的標識；沒有各締約國正當的許可，禁止生鴉片的輸出入。〔註16〕

第二章「鴉片煙膏」（第六條至第八條），其內容為鴉片煙膏及煙灰的定義；各締約國在國內對阿片煙膏的製造、使用及管制上，漸次採取禁止的措施；各締約國必須禁止阿片煙膏的輸出入，尤其是不禁止輸出的國家，必須盡速禁止；不禁止阿片煙膏輸出的締約國，必須限制阿片煙膏輸出的城市及港口。〔註17〕

第三章「藥用鴉片、嗎啡、可卡因及其他」（第九至第十四條），其內容為藥用鴉片、嗎啡、可卡因及海洛因的定義；各締約國必須制定就嗎啡、可卡因及其他各種鹽類在藥用及合法用途上的製造、販賣及使用的相關藥劑上的法令及規則；締約國相互協力嚴禁上記藥品用於其他目的；各締約國對從事嗎啡、可卡因及其他鹽類製造、輸入、販賣、分配及輸出的一切業者及進行製造等的建築物進行監督；各締約國採取禁止措施防止對沒有許可者走私嗎啡、可卡因及其鹽類；各締約國參照自己的國情，努力保持只向許可者輸入嗎啡、可卡因及鹽類；各締約國本國、領地、殖民地或租借地向其他締約國的本國、領地、殖民地及租借地輸出嗎啡、可卡因及其鹽類，其接受方必須努力制定措施並執行須限定於是依據輸入國的法令及規則准許之人；對含有嗎啡、可卡因及鹽類的製劑等也適用於這個法令。〔註18〕

第三章中有一點非常值得注意，就是在第十條中，規定了禁止的鴉片的具體種類：「締約國對下記藥品，准用於嗎啡、可卡因及其各鹽類的製造、輸入、販賣及輸出的相關法令及規則。第一為葯用鴉片；第二為含有千分之二以上的嗎啡及千分之一以上的可卡因的一切製劑（不管是否為葯局處方所定及所謂的戒烟製劑）；第三海洛因及其鹽類及含有千分之一以上的海洛因的製劑；第四為嗎啡、可卡因或其各鹽類的新誘誘導体，或阿片及其諸アルカロウイド等一般在學術研究結果上可以同樣陷入濫用且具有同樣毒害作用的製

〔註16〕（日）《阿片ニ関スル條約及決議集（附內地・外地阿片及麻薬関係法規）/1937年/分割1》，JCAHR：B10070339400。

〔註17〕（日）《阿片ニ関スル條約及決議集（附內地・外地阿片及麻薬関係法規）/1937年/分割1》，JCAHR：B10070339400。

〔註18〕《阿片ニ関スル條約及決議集（附內地・外地阿片及麻薬関係法規）/1937年/分割1》，JCAHR：B10070339400。

劑。」〔註19〕

第四章沒有章節標題，為第十五條至第十九條，其內容為中國及中國國內租借地鴉片管制等項。其具體內容如下：

第十五條　與中國具有條約的各締約國，必須協同中國政府，採取必要的措施禁止在中國領土、締約國在遠東的殖民地及中國境內各締約國的保有租借地內之生鴉片、阿片煙膏、嗎啡、可卡因及其鹽類及第十四條所列之物質的密輸入；中國政府也必須採取措施禁止鴉片及其他前記物質由中國向外國殖民地及租借地密輸出。

第十六條　中國政府為管理嗎啡、可卡因及其鹽類及本條約第十四條所列之物質之販賣及分配，要制定公布相關藥劑法令，且通知與中國有條約的各國政府在北京駐在外交代表者，與中國有條約的各締約國政府，審查並承認上記法令後，採取必須的措施，使其駐在中國的自國之民也適用其法。

第十七條　與中國具有條約的各締約國，限制在中國境內的租借地、居留地及專管居留地鴉片吸食的習癖且採取必要的措施進行取締；對現存鴉片窟及類似的場所，要採取與中國政府一致的步調將之封閉，同時，也要在娛樂場所及娼樓等地禁止鴉片。

第十八條　與中國具有條約的各締約國，與中國政府協力採取有效的措施，漸次減少與中國具有條約的締約國在中國國內的租界地、居留地及專管居留地的生鴉片及鴉片煙膏販賣店的數量，前記各締約國採取有效措施限止及管理在中國境內之租借地、居留地及專管居留地鴉片的零售，且採取有效措施進行管理，但與上記內容相關法規已經存在之場合不在此限。

第十九條　採取有效措施禁止在中國國內有郵局之締約國，將生鴉片、鴉片煙膏、嗎啡、可卡因及其各鹽類及本條約第十

〔註19〕《阿片ニ関スル條約及決議集（附內地・外地阿片及麻薬関係法規）／1937年／分割1》，JCAHR：B10070339400。

四所例之物質，以小郵包之形式不法輸入，中國國內或經該郵局，從中國的一個地方，不法傳送到其他地方。〔註20〕

第五章也沒有章節標題，為第二十至二十一條。其主要內容為各締約國必須就制定生鴉片、鴉片煙膏、嗎啡、可卡因及其他各種鹽類不法持有為刑事犯罪的相關法令及規則一事進行審查。第二十一條規定締約國要經由荷蘭外交部相互通報如下事項；一為本條約規定事項相關現存及基於此制定的所有法令及行政規則的正文；生鴉片、鴉片煙膏、嗎啡、可卡因及其各鹽類及本條約規定的其他藥品及其鹽類的製劑管理的相關統計報告。上記統計報告要儘量詳細且快速。〔註21〕

第六章為「末則」，為「第二十二條至二十五條」，內容為各締約國規定簽署及批准手續的條款。〔註22〕

海牙國際會議除了通過上述內容的鴉片協定外，還向世界郵政同盟公開呼籲：

一、生阿片郵送的管制為當前之急務；

二、嚴格管制嗎啡、可卡因及其各鹽類及本條約第十四條所列之所有物質之郵送為當前之急務；

三、有必要禁止阿片煙膏之郵遞。〔註23〕

1909年上海國際鴉片會議，主要是針對長期受鴉片吸食禍害的中國而召開的，而此次海牙國際會議，則是將鴉片問題作為國際性問題來討論，其通過的「國際鴉片條約」是對各締約國的共同約束。

由於當時鴉片貿易所產生的利益在各國的經濟中仍然佔有一定的比例，故各國都採取拖延手段而不願意成為正式的簽約國。英國在條約書中直接明言:「大不列顛國政府批准本條約時，其條款是相對於英領印度帝國、錫蘭、海峽殖民地、香港及威海衛，而對大不列顛及北愛爾蘭聯合王國也同

〔註20〕《阿片ニ関スル條約及決議集（附內地．外地阿片及麻薬関係法規）／1937年／分割1》，JCAHR：B10070339400。

〔註21〕劉明修著，李明峻譯，《臺灣統治與鴉片問題》，第144頁。

〔註22〕《阿片ニ関スル條約及決議集（附內地．外地阿片及麻薬関係法規）／1937年／分割1》，JCAHR：B10070339400。

〔註23〕（日）《阿片ニ関スル條約及決議集（附內地．外地阿片及麻薬関係法規）／1937年／分割1》，JCAHR：B10070339400。

樣適用，但對大不列顛國政府上記以外的領土、殖民地、屬地及保護領地，保留簽訂本條約及廢止本條約的權力。」另外，「波斯」及「泰」兩國不是中國的條約國，故保留第十五條至十九條之內容。〔註 24〕

由於參加國各懷異志，真正簽署海牙國際鴉片條約的國家並不多。為了敦促未簽署的國家盡快簽署，各國於 1913 年及 1914 年又召開第二次及第三次海牙國際鴉片會議，公布了「第二回國際鴉片會議最終議定書」及「第三回國際鴉片會議最終議定書」。儘管如此，當時只有八個國家簽署批准，其他各國都以各種藉口延遲加入或批准該條約。隨著第一次世界大戰的爆發，各國都無暇顧及此事，「海牙國際鴉片條約」也被束之高閣。

四、「凡爾賽和約」與「鴉片諮詢委員會」的成立

1912 年海牙「國際鴉片條約」，是基於美國政府於 1909 年上海萬國鴉片會議的決議，由英、法、美、伊、日、荷、俄、中、葡、泰、波、德這十二個國家締結的，目的是逐漸禁止世界各國，特別是東洋各國的鴉片、嗎啡、可卡因及其鹽類與誘導體的濫用，為達此目的，各締約國要制定這類藥品的生產、製造販賣及輸出入的有效措施。

第一回會議簽署鴉片條約的各國，大部分都依據該條約第二十二條，應荷蘭政府的招請，在該條約上簽字。到 1913 年 6 月，除了俄羅斯、勃、希腊、「モンテネダロ」、秘魯、波斯、賽、土耳其及烏等國家外，各國都已經簽署。但簽署並批准的國家卻是少數。到 1914 年 6 月時，批准的國家只有八個，為此海牙第三次會議規定，各簽署國必須在 1914 年 12 月末批准。但隨著第一次世界大戰的爆發，鴉片事項就被束之高閣。

第一次世界大戰（1914 年 8 月～1918 年 11 月）是一場主要發生在歐洲但波及到全世界的世界大戰，當時世界上大多數國家都捲入了這場戰爭，戰火席捲歐、亞、非三大洲，參戰國家地區達 34 個，受戰禍波及的人口達 15 億以上，約占當時世界人口總數的 75%。這場大戰削弱了英、法、意在世界的影響力，而美國一躍成為世界頭號經濟強國，世界金融中心也由倫敦轉移到紐約。

在第一次世界大戰期間，美國的一些資產階級和平團體，積極主張建立

〔註 24〕（日）《阿片ニ関スル條約及決議集（附內地·外地阿片及痲藥関係法規）/ 1937 年 / 分割 1》，JCAHR：B10070339400。

一個調解國際糾紛的機構，得到了美國總統威爾遜的積極推動。1918 年 1 月 8 日，威爾遜在美國國會發表演說，提出了結束戰爭、締結和約、維護戰後和平的《十四點綱領》，其中第十四點便是呼籲成立一個國際聯盟。

1919 年 1 月，威爾遜參加巴黎和會，向與會各國提議建立國際聯盟的方案。4 月 28 日，各國在巴黎和會上通過了《國際聯盟盟約》，它被列入同年 6 月 28 日通過的《凡爾賽和約》的第一部分。

英國最先提出在「和約」中插入鴉片管制相關條款，讓德國批准 1912 年海牙鴉片協定，並在「和約」實施三個月內實施。在 4 月 15 日外相會議討論該案時，美國提出了修正案，主張本條約加入國中，還沒有加入海牙鴉片協定的國家，依照英國的提議，具有與德國相同之義務。

美國的修正案卻被日本所反對。日本全權大使提出，鑒於日本特別的地位，三個月時間太短，需要給予保留一個相當長的時期。這樣，日本所提出的方案，與英美兩案，一併送交給起草委員大會來議決。〔註 25〕

在 4 月 17 日的外相會議中，起草委員在報告中提出，前項英美條約案，為多數的意見，將作為包含國際聯盟相互間的規約，插入到對德意預備條約中。美國全權特使提出，在預備條約中，德意必須同時承認批准本案。4 月 19 日所舉行的五大臣會議，正式確定將該案內容寫入和約。

於是在「凡爾賽和約」第二百九十五條就鴉片問題規定如下：「有關締約國於 1912 年 1 月 23 日在海牙簽署的鴉片條約，未簽署國或已經簽署未批准的國家於該條約實施後，不論是為上述目的而暫緩實施條約，或任何場合無法施行該條約，都必須在本條約實施的一年間，同意制定和本條約有關的法令。另外，締約國在批准本條約的同時，即使沒有批准該條約的國家，也一律被看為同意批准該條約，及在 1914 年第三回鴉片會議決議所議定的為實施該條約在海牙所設立的特別議定書上署名。」〔註 26〕

由於上述條約款項的存在，使得所有「凡爾賽和約」的簽署國，都必須履行海牙國際鴉片條約。但由於提議國美國沒有加入和約，波斯及土耳其兩大鴉片生產國也沒有加入，戰後俄羅斯由於十月革命而成立的蘇聯也不是締約國，及中國新成立的國民政府戰亂不斷，故無法在源頭上截斷鴉片

〔註 25〕（日）《阿片條約関係》、《分割 1》，JCAHR：B06150273700；B06150273900。

〔註 26〕（日）《御署名原本‧昭和六年‧勅令第三八號‧阿片委員會官制》，JCAHR：A03021801700。

的生產，使得條約的效力有所減弱。但國際聯盟的成立仍然對海牙國際鴉片條約的實施，提供了一個平臺。

國際聯盟第二十三條規定:「締約國應遵守現行或將來協定提出的國際條約。」其第一款又規定:「委託國際聯盟實行對婦女兒童的買賣、鴉片及其他有害藥物交易的普遍性監視。」〔註 27〕由於此條款的存在，使得有關鴉片麻醉品的交易監督，成為國際聯盟必須行使的權力及責任，更為國際聯盟實施海牙國際鴉片條約提供國際法依據。

國際聯盟為更好地處理全世界的鴉片問題，特別於 1921 年設置成立了「鴉片諮詢委員會」，作為國際聯盟理事會的諮詢機構，並於聯盟秘書處設立了「鴉片部」，以處理鴉片相關事宜。〔註 28〕

國際聯盟鴉片諮詢委員會，係有與鴉片問題有著深刻關係的日本、英國、法國、中國、荷蘭、印度、泰國及葡萄牙等八國組成，美國因沒有加入國聯，故以觀察員身份出席例會。國際聯盟理事會當時也派遣兩名對鴉片問題有研究造詣的顧問列席會議。委員最初每年聚集一次，就鴉片相關事物進行商討，後由於德國及鴉片的生產國波斯及土耳其的參加，逐漸擴大到二十一個國家，也改成每年二次會集商討鴉片問題。

從制度上講，鴉片諮詢委員會僅是國際聯盟理事會的諮詢機關，但它的決定幾乎基本完全被理事會所接受，所以，鴉片諮詢委員會的決定，也可被視為國際聯盟的意志。因此，鴉片諮詢委員會，也被視為國際間處理鴉片及毒品問題的最高機關。

根據海牙國際鴉片條約的規定，各締約國每年須向國際聯盟提出統計年報。鴉片諮詢委員會通過審查這些年報，來掌握世界鴉片及毒品製造、分配及消費的狀況，並瞭解各國管理鴉片的大致情形。對於有問題的報告，委員有權力要求相關國家代表進行解釋，有時亦會出現無保留地加以批判的事例。委員會也會將審查結果向國際社會公眾公開，以期督促各國能自發地取締鴉片及麻藥的管制，以達到矯正麻藥濫用的效果。

〔註27〕（日）《阿片ニ関スル條約及決議集（附內地・外地阿片及麻薬関係法規）/1937 年 / 分割 1》，JCAHR：B10070339400。

〔註28〕（日）宮島干之助著，《國際阿片問題の經緯（附麻藥略說）》，日本國際協會發行，昭和十年，第 6 頁。

小　結

綜上所述，在十六世紀以後的歷史中，鴉片扮演著極為重要的角色。特別是在東亞，幾乎所在國家都難以免除鴉片的毒害。特別是近代的中國，鴉片將中華民族打上了恥辱的印記，但也正是由於中國社會各階級普遍認識到了禁煙的迫切性，並以全國性的禁煙運動，喚起了國際社會對鴉片給全人類帶來的危害性的認識，肇始了國際社會廣泛對鴉片問題的關切。特別是通過第一次上海鴉片會議、海牙國際鴉片條約等，最終將鴉片毒品問題列入國際聯盟管理範圍，為以後鴉片吸食的禁絕及毒品的防範提供了國際法依據及共同的國際間的組織。